BIENVENUE EN MOSL !

© GILLES PE

Le sentier de biodiversité Le Voyage de Neo, Parc Animalier de Sainte-Croix à Rhodes.

Comment une terre de légendes pourrait-elle être autre chose qu'un territoire d'aventures ? La Moselle, berceau du Graoully ou des contes autour de saint Nicolas. La Moselle, idéalement positionnée entre plusieurs frontières européennes et les ballons des Vosges. La Moselle, terrain de jeu idéal à n'importe quelle virée familiale. Plus qu'une destination à retrouver dans les catalogues de voyage, la Moselle se pose comme le prétexte à mille périples. Tourisme industriel, parcs d'attractions, musées historiques, boutiques artisanales… Des forêts de l'est du département aux châteaux du nord, en passant par les étangs du Saulnois ou les grandes villes de Metz et Thionville, il existe de nombreuses adresses destinées aux plus petits et aux plus grands. En outre, afin de valider l'authenticité de l'expérience ou du produit 100 % mosellan, la destination MOSL se charge de labelliser les établissements qui respectent une charte complètement locale.

Ce guide liste donc des dizaines de bonnes raisons de s'attarder quelque part en Moselle. Que ce soit pour découvrir une bonne table, dormir dans un endroit insolite ou vivre une épopée à plusieurs. Cette épopée peut être sportive, ludique ou culturelle. Elle peut prendre pour décor les arbres d'un bois, un manège à sensations fortes ou les murs d'un ancien fort militaire. Car la Moselle est avant tout une terre de jolies surprises, celles qui provoquent des sourires et qui génèrent du savoir. La Moselle racontée dans ce guide ne se découvre pas seul, mais elle se parcourt en famille. Pour quelques heures, quelques jours, voire même un peu plus.

SOMMAIRE

DÉCOUVERTE

DE LIEUX EN LIEUX

■ ORGANISER SON SÉJOUR ■

Basse-Rentgen
Rodemack
Sierck-les-Bains
Manderen
Aumetz
Malling
Cattenom
Montenach
Basse-Ham
Manom
Thionville
Colmen
Knutange
Terville
Veckring
Neufchef
Hayange
Buding
Uckange
Hombourg-Budange
Oberdorff
Amnéville
Hagondange
Ay-sur-Moselle
Gomelange
Sainte-Marie-aux-Chênes
Maizières-lès-Metz
Creut
Vigy
Norroy-le-Veneur
Boulay-Moselle
Saint-Julien-lès-Metz
Hombourg
Scy-Chazelles
Condé-Northen
METZ
Montois Flanville
Longeville-lès-Saint-Avold
Gravelotte
Moulins-lès-Metz
Longeville-lès-Metz
Ogy
Silly-sur-Nied
Montigny-lès-Metz
Saint-Avol
Jouy-aux-Arches
Laquenexy
Créhange
Peltre
Ancy-Dornot
Marly
Faulquemont
Féy
Marieulles
Verny
Lorry-Mardigny
Landroff
G
Harprich
Parc national régional de Lorraine
Delme
Bénestroff
Château-Salins
Die
Marsal
Vic-sur-Seille
La
MEURTHE-ET-MOSELLE
10 KM

Moselle
ALLEMAGNE (SARRE)
ALLEMAGNE
(RHENANIE-PALATINAT)
vald
Petite-Rosselle
Spicheren
Forbach
aut
Rosbruck
Freyming-Merlebach
Farébersviller
Sarreguemines
Bliesbruck
Volmunster
Neufgrange
Woelfling-lès-
Sarreguemines
Hottviller
Petit-Réderching
Sturzelbronn
Puttelange-aux-Lacs
Rohrbach-
lès-Bitche
Siersthal
Bitche
Sarralbe
Saint-Louis-
lès-Bitche
Philippsbourg
stenquin
Meisenthal
Baerenthal
Soucht
Montdidier
Parc national
régional des
Vosges du Nord
Mittersheim
Loudrefing
BAS-RHIN
ze
ndre-Basse
Saint-Jean-
Kourtzerode
Danne-et-Quatre-Vents
Rhodes
Langatte
uimberg
Lutzelbourg
Sarrebourg
Arzviller
Saint-Louis
Niderviller
Garrebourg
Dabo
Foulcrey
Hattigny
Abreschviller
Saint-Quirin
Turquestein-Blancrupt

Parc zoologique d'Amnéville.

DÉCOUVERTE

Amnéville, la Cité des Loisirs

L'expérience fait mouche à tous les coups. Mettez des enfants à l'arrière d'une voiture et guettez leurs réactions à l'approche d'Amnéville. A chaque fois, de grands sourires éclairent leurs mimiques. Ils savent que ce chemin vers la Cité des Loisirs est une route vers des heures de fun et d'amusement. A Amnéville, on a l'embarras du choix à l'heure de passer de bons moments familiaux. Se détendre dans les eaux de Thermapolis, faire le plein de sensations fortes au Snowhall, s'éclater lors d'un concert au Galaxie, s'émerveiller face aux animaux du zoo, crapahuter dans les arbres à France Aventures ou encore devenir un vrai pilote au Paddock… Il existe mille manières de s'éclater sur un site qui, depuis des dizaines d'années, sait se développer et se transformer au gré des modes et des générations. Pour preuve, la Cité des Loisirs a accueilli récemment une aréna géante dédiée à la pratique de l'e-sport. C'est peu dire si cet endroit ludique a encore de merveilleux jours devant lui.

Metz

Il n'y a pas d'âge pour se montrer charmé par toutes les facettes de la plus grande ville de Moselle. De la majestueuse cathédrale Saint-Etienne à l'audacieux Centre-Pompidou-Metz, en passant par les remparts de la Porte des Allemands ou les rives du Plan d'eau, les raisons d'apprécier Metz ne manquent pas. D'autant que cette dernière peut se dévoiler grâce à une jolie promenade estivale, un petit tour en train touris-

© PÔLE THERMAL

Thermapolis – Amnéville.

tique, au volant d'un bateau électrique ou encore à l'occasion de ses mythiques marchés de Noël. Par ailleurs, la ville regorge d'adresses gourmandes et de terrasses conviviales.

Parc Explor Wendel

Voilà un endroit dans lequel les hommes ont exploité du charbon à partir de 1862 et qui, aujourd'hui, se développe encore. Certes, il convient à présent de célébrer le passé plutôt que d'extraire un quelconque minerai. Mais au cœur du Parc Explor Wendel, les raisons de jeter des regards appuyés dans le rétroviseur de l'histoire industrielle du territoire se multiplient mois après mois. D'abord, le site héberge un passionnant musée des mineurs et une véritable mine qui ne manquent pas, à chaque fois, d'interpeller les plus jeunes. Ensuite, chaque année, le Parc Explor Wendel accueille le fantastique spectacle « Les Enfants du Charbon » qui, grâce à une mise en scène spectaculaire et des jeux de lumière magiques, raconte l'histoire du charbon comme nulle part ailleurs. Enfin, grâce aux circuits pédestres, aux pistes cyclables et au futur restaurant, le site ne cesse de cumuler les bonnes raisons d'intéresser toute la famille aux anciennes richesses du charbon lorrain.

© ROMAIN KREBS

Parc Explor Wendel – Petite-Rosselle.

Cimetière américain de Saint-Avold

Quel que soit leur niveau scolaire, les enfants ont forcément eut vent du rôle des GI américains durant la Seconde Guerre mondiale. En Moselle, et plus précisément à Saint-Avold, il existe un endroit plus pertinent que nul autre pour comprendre le rôle de ces soldats venus de l'autre côté de l'Atlantique. Ce cimetière américain est tout simplement le plus grand de ce type en Europe. Il rassemble les sépultures de 10 489 soldats américains, dont beaucoup d'aviateurs et dont la plupart sont tombés au cours des batailles dans les régions frontalières et lors de la conquête du Rhin. Aussi, les plus jeunes ne manqueront pas d'être interpellés par le Mur des Disparus qui répertorie 444 soldats américains dont le corps n'a jamais retrouvé. Ici, il n'est pas rare d'entendre murmurer en anglais et ainsi de croiser quelques descendants de ces anciens héros.

■ **LORRAINE AMERICAN CEMETERY** ★★
Avenue de Fayetteville
Saint-Avold
✆ 03 87 92 07 32
Fermé le 1er janvier, le 25 décembre. Ouvert tous les jours de 9h à 17h. Gratuit. Visite guidée (sur demande).

Parc Archéologique de Bliesbruck-Reinheim

Situé entre Bliesbruck (Moselle) et Reinheim (Land de Sarre), le Parc archéologique européen de Bliesbruck-Reinheim est le lieu idéal pour appréhender les civilisations gauloise et romaine. Découvrez sur plus de 52 ha, une nécropole celtique (500 – 370 av. J.-C.), une villa, ainsi qu'une petite ville gallo-romaine (Ier – Ve siècles apr. J.-C.). Depuis 2019, le Parc s'est doté d'équipements numériques offrant une nouvelle expérience de visite ! Muni d'une tablette numérique, partez à la découverte des vestiges romains. Aux côtés de Lucius Toccius Flavinus, plongez dans le quotidien des habitants de ce vicus de la fin du IIe siècle apr. J.-C. et découvrez ses trésors architecturaux en réalité virtuelle. Du quartier des artisans, en passant par les thermes et la grande villa de Reinheim, vivez la vie quotidienne des habitants à l'époque gallo-romaine. En plus de la tablette, découvrez également une visite ludique, originale et réaliste qui conviendra à tous les publics avec un casque de réalité virtuelle. Arpentez les rues du parc en 3D, flânez autour de la fontaine qui orne la place publique, allez à la découverte de la richesse monumentale de ce forum et traversez la cour de la villa pour découvrir le faste des jardins de cette riche demeure. Profitez de la richesse des restitutions 3D et vivez une expérience immersive inédite ! Enfin chaque année en août, Vita Romana vous propose le temps d'un week-end de plonger dans l'Antiquité grâce à des troupes de reconstitutions historiques.

PARC ARCHÉOLOGIQUE EUROPÉEN DE BLIESBRUCK-REINHEIM ⭐
1, rue Robert Schuman, Bliesbruck
✆ 03 87 35 02 20
www.archeo57.com
bliesbruck@moselle.fr
Label Accueil Vélo. Ouvert du 15 mars au 31 octobre, en semaine de 10h à 17h et le

© CD57

Parc archéologique européen de Bliesbruck Reiheim.

© F.CALVIER

La citadelle de Bitche.

week-end de 10h à 18h, fermé le 1er mai. Plein tarif : 5 €, tarif réduit : 3,5 €, gratuit pour les moins de 16 ans. Le site est en partie accessible aux personnes à mobilité réduite, un fauteuil adapté peut être mis à disposition pour la visite des vestiges. Restauration. Boutique. Animations.

Citadelle de Bitche

Il doit être sympa, le portrait de Vauban, que les écoliers peuvent observer dans leurs livres d'histoire. Mais ne pourrait-on pas illustrer la vie et l'œuvre de l'architecte militaire par une visite concrète ? En Moselle, c'est possible. En particulier à Bitche où, sur un gros rocher de grès rouge, se tient une citadelle conçue par Vauban au XVIIe siècle. Alors qu'elle a longuement résisté à l'incursion prussienne de 1870, la citadelle se visite aujourd'hui à l'aide de casques audiophoniques et elle comporte un musée consacré aux armes et uniformes que portaient les soldats en 1870. De quoi combler la curiosité architecturale et guerrière des petits et grands historiens. Au pied de la citadelle, il est vivement conseillé d'aller faire un tour au magnifique Jardin pour la Paix.

CITADELLE DE BITCHE ★★

Rue de Bombelles
Bitche
✆ 03 87 96 18 82
www.citadelle-bitche.com
citadelle.bitche@orange.fr

Du 30 mai à mi octobre du mardi au dimanche de 10h à 12h et de 12h30 à 17h (17h30 le dimanche). En juillet-août tous les jours de 10h à 17h30. Juillet et août tous les jours de 10h à 19h. Gratuit jusqu'à 6 ans. Adulte : 10 € (combiné Citadelle visite complète + Château du Fleckenstein : 12 € ; Supplément entrée au Jardin pour la Paix + 2,50 € par personne). Enfant (de 7 à 18 ans) : 8 €. Adultes tarif réduit et étudiants : 8 €. Accès déconseillé aux personnes handicapées. Restauration. Boutique. Animaux interdits.

DÉCOUVERTE

Parc Animalier de Sainte-Croix

L'aventure au Parc Animalier de Sainte-Croix ne se raconte pas sur du papier. Elle se vit de mille manières. A pied sur des chemins immersifs au milieu de la faune, dans un lodge la nuit à côté des animaux ou pourquoi pas à bord d'un étrange convoi pour un *« safari-train »*. Cela fait quatre décennies que des centaines d'espèces vivent en semi-liberté du côté de Rhodes. Des loups, des ours, des pandas roux, des cerfs, des lynx... Ces animaux qui fascinent les plus jeunes dans les livres, évoluent ici librement dans un paysage adapté à leurs besoins. La grande plaine des cerfs, les terres des ours, la clairière des loups ou le Nouveau Monde américain attirent près de 350 000 visiteurs par an. Rares sont ceux qui ne repartent pas avec des souvenirs animaliers inoubliables. A signaler que dans la petite ferme à l'entrée du parc, les plus jeunes prendront un plaisir infini à caresser les petites chèvres se perdre dans le labyrinthe ou à s'aventurer sur le parcours pieds nus.

■ PARC ANIMALIER DE SAINTE-CROIX ★★
Route de Rhodes
Rhodes
✆ 03 87 03 92 05
www.parcsaintecroix.com
info@parcsaintecroix.com
Fermé du 16 novembre au 15 février. Basse saison : ouvert tous les jours de 10h à 18h. Haute saison : tous les jours de 10h à 19h. Gratuit jusqu'à 3 ans. Adulte : 26,50 €. Enfant (de 3 à 11 ans) : 18,50 € (22,50 € et 31,50 € avec le safari train). Chèque Vacances. Label Tourisme & Handicap. Restauration. Boutique. Animations. Aire de pique-nique, snack/bar, restaurant, espaces bébé, animaux non-admis.

Le Voyage de Neo, Parc animalier de Sainte-Croix – Rhodes.

Une nuit avec les animaux

Cabanes dans les arbres : à partir de 109,85 € par personne. Lodge des cerfs : à partir de 119,85 € par personne. Lodge des loups : à partir de 136,10 € par personne. Grange aux coyotes : à partir de 168,80 € par personne. Prix évolutifs selon les fêtes, les logements et les saisons.

Le Parc Animalier de Sainte-Croix se visite le jour mais il se vit la nuit. L'expérience auprès des animaux peut en effet prendre une tournure inoubliable en choisissant de poser ses bagages dans l'un des 46 lodges disséminés à travers le parc. Certains hébergements proposés par le parc offrent une expérience qu'il est impossible de décrire par les mots. Prenez ce gîte avec une baie vitrée ouverte sur une meute de loups. Ou encore ce lodge dont la terrasse empiète sur le territoire des grands cerfs. Voire même ces cabanes nichées au cœur des arbres. Inutile de préciser qu'il convient de réserver le plus tôt possible la plupart de ces nuits pas comme les autres.

Plan incliné de Saint-Louis-Arzviller

Une innovation technologique vieille d'un demi-siècle qui est simple à comprendre et saisissante à regarder. Prenez un canal composé de 17 écluses, nécessitant une journée entière de navigation, et remplacez-le par un gigantesque ascenseur à bateaux qui parcourt 44,5 mètres de dénivelé en seulement 4 minutes. C'est ça, le plan incliné de Saint-Louis Arzviller. Seulement, pour se rendre compte du gigantisme de cet équipement construit dans les années 1960, il convient de s'y rendre pour une visite familiale instructive et fun à la fois. Car en plus de pouvoir accéder à la plate-forme haute et de découvrir un musée aménagé dans une péniche, il est possible de prendre place dans une vedette fluviale pour une petite croisière et surtout un tour « en vrai » dans cet impressionnant ascenseur à bateaux. Juste à côté du Plan Incliné, un petit train attend celles et ceux qui voudraient effectuer une promenade plus qu'agréable le long de la vallée des éclusiers. Le petit train prend une soixantaine de passagers, le voyage dure le temps d'une mi-temps d'un match de football et l'expérience permet une balade atypique pour découvrir l'un des sites les plus remarquables du réseau des Voies navigables de France. Au départ du Plan incliné de Saint-Louis Arzviller, ce train touristique mis en service en 1987 longe un canal et il permet de découvrir quatre écluses parmi les dix-sept qui, étendues sur 3,8 kilomètres, permettent de rattraper un dénivelé de près de 44 mètres. Une prouesse technologique qui date de 1853 et qui se pose encore aujourd'hui comme un symbole d'intense activité fluviale et industrielle au XIXe siècle. Du coup, le voyage en train sur la Vallée des Éclusiers prend une dimension à la fois historique et naturelle.

PLAN INCLINÉ DE SAINT-LOUIS ARZVILLER

Plan incliné, Saint-Louis
✆ 03 87 25 30 69
www.plan-incline.com
Ouvert de mi-avril à mi-octobre. Sauf le 1er mai. Haute saison : ouvert tous les jours de 10h30 à 17h. En juillet et août, jusqu'à 18h. Une permanence téléphonique est assurée du lundi au vendredi de 8h à 12h. Visite commentée du Plan incliné : 4 €/adulte – 3 €/enfant. Circuit en vedette d'une durée d'1h30 : 10 €/adulte et 7 €/enfant. Label Tourisme & Handicap. Visite guidée (durée : 30 min environ). Boutique.

Château de Malbrouck

Construit à la fin du Moyen Âge, le Château de Malbrouck est le seul château du XVe siècle intégralement conservé en Lorraine. Depuis sa position dominante surplombant la vallée de Manderen, il a fière allure avec ses hautes murailles et ses quatre tours d'angle reliées entre elles par des courtines, un corps de logis à trois niveaux et une vaste cour centrale. Il est possible d'y effectuer un circuit complet par les niveaux supérieurs de chaque tour et d'avoir ainsi une vue exceptionnelle sur la vallée ! Depuis 5 ans, la bande dessinée a investi le Château de Malbrouck avec des expositions inédites ! Après les super-héros Marvel et DC Comics en 2017, « les 70 ans du *Journal Tintin* » en 2018, puis en 2019 « Hergé : une vie, une oeuvre », c'est au tour du célèbre moustachu gaulois d'établir son village à Malbrouck en 2021. Cette exposition ravira les fans d'Astérix, petits et grands. L'Hispanie, l'Helvétie, l'île de Bretagne, la Belgique, les terres des Goths et des Vikings et même l'Empire romain… : Astérix a visité toute l'Europe, par Toutatis ! Le numérique s'invite également au Château : entre une salle immersive sur le thème de la pierre philosophale, une fresque digitale pour découvrir le Château de manière interactive et enfin un parcours de réalité virtuelle pour plonger dans l'histoire du Château de ses origines à sa renaissance, vous saurez tout de ce monument à l'origine de la chanson « Malbrouck s'en va-t'en guerre… »

Château de Malbrouck – Manderen-Ritzing.

CHÂTEAU DE MALBROUCK

Rue du Château, Manderen-Ritzing
✆ 03 87 35 03 87
www.chateau-malbrouck.com
malbrouck@moselle.fr

Ouvert de mi-avril à fin novembre. Basse saison : ouvert en semaine de 10h à 17h et le week-end de 10h à 18h. Juillet-août : du mardi au dimanche de 10h à 18h. Fermé les lundis et le 1er mai. Plein tarif : 7 €, tarif réduit : 5 €, gratuit pour les moins de 16 ans, gratuit pour tous le 1er dimanche de chaque mois. Restauration. Boutique. Animations. L'accès au site est difficile pour les personnes à mobilité réduite.

Gros ouvrage du Hackenberg

Qu'on se le dise, la Ligne Maginot souffre d'une bien mauvaise réputation historique. Construite pour sécuriser le front est de la France aux abords de la Seconde Guerre mondiale, il faut bien admettre qu'elle n'a pas su résister longtemps à l'ennemi allemand. Sauf qu'en Moselle, il est possible d'aller se faire un avis par soi-même tant il reste des témoins de cette ancienne ligne de fortifications. Le gros ouvrage du Hackenberg est l'un des bâtiments les plus imposants de la Ligne Maginot encore debout. C'est donc celui-ci qu'il convient de montrer aux enfants après un cours d'histoire. Pour cause, il se visite à bord d'un train électrique d'époque. Tout pour plaire aux petits et grands curieux. En outre, des mannequins ont été installés afin que chaque visiteur puisse se rendre compte de la vie quotidienne au sein de ces 19 blocs de combat répartis dans des galeries longues d'une dizaine de kilomètres. Le train permet de découvrir des magasins à munitions, les cuisines militaires, l'usine électrique ou encore d'impressionnantes tourelles d'artillerie en parfait état de marche. De quoi rendre un peu de crédibilité à une Ligne Maginot bien souvent raillée.

© CLAUDE POESY

Gros ouvrage Maginot du Hackenberg – Veckring.

GROS OUVRAGE MAGINOT DU HACKENBERG ★★

61 bis, Grande Rue
Veckring
✆ 03 82 82 30 08
www.maginot-hackenberg.com
amifort@orange.fr

Horaires à consulter sur le site. Du lundi au vendredi Départ des visites à 14h30 précise. les samedi dimanche et jour fériés 1er depart â 14h et dernier départ à 15h30 pour 2h30 de visite. Adulte : 12 € (tarif réduit 9 €). Enfant (de 4 à 16 ans) : 6 €. Chèque Vacances. Seule la découverte de 80% du parcours est assurée pour les personnes à mobilité réduite. Visite guidée (durée 2h ; prévoir des vêtements chauds). Boutique. Poussettes acceptées. Accès non autorisé aux animaux.

PATRIMOINE ET TRADITIONS

Terre de légendes

Légende du Graoully de Metz

Ses écailles vertes et brunes ne laissaient place à aucune flèche, à aucune lance pour le transpercer. Ses griffes et ses mâchoires lui permettaient, au crépuscule, de partir en quête de chair humaine dans les ruelles et venelles de la cité messine. Le Graoully terrifia la ville de Metz il y a presque deux millénaires. Cet immense dragon, hideux et effrayant, n'aurait été vaincu que par saint Clément qui, au terme d'un combat épique, jeta le Graoully dans la Seille. Le monstre disparut ainsi dans les profondeurs de la rivière pour l'éternité. Vraiment ? La légende reste fortement présente dans l'esprit de toutes les Messines et de tous les Messins. Le monstre est la mascotte des footballeurs du Football Club de Metz et sa silhouette plane toujours au-dessus de la rue Taison du centre-ville. D'ailleurs, la légende raconte que cette rue porte ce nom, car à la tombée de la nuit, ces habitants avaient l'habitude de murmurer : « Taisons, taisons-nous, voilà le Graoully qui passe ».

Légende de Saint-Nicolas

C'est une légende que les petits Lorrains racontent en chanson, celle de trois enfants qui, après une dure journée de labeur aux champs, se perdent sur le chemin du retour. Heureusement, un homme leur offre l'hospitalité pour la nuit. Une bonne nouvelle ? Pas vraiment. L'homme est un boucher et, avec son grand couteau, il tue les trois marmots

Graoully de Metz, rue Taison.

© PHILIPPE GISSELBRECHT – VILLE DE METZ

Saint-Nicolas.

avant de les cloîtrer dans son saloir dans le but d'en faire du petit salé. Quelque temps plus tard, saint Nicolas apparaît à la porte du boucher. Celui-ci l'invite à dîner et le saint homme réclame de manger un petit salé. Démasqué, le boucher avoue tout. Saint Nicolas place alors trois doigts au-dessus du petit salé et il ressuscite les bambins. Le boucher est puni par saint Nicolas qui l'enchaîne à son âne et il devint le fameux Père Fouettard. Habillé en noir, il accompagne chaque année saint Nicolas lorsque ce dernier fait la tournée des villages afin de donner des bonbons aux enfants. Le Père Fouettard est chargé de punir les plus désobéissants… sans pour autant les transformer en petit salé.

Légende d'Alice de Forbach

Beaucoup de doutes subsistent quant à l'origine de la chapelle Sainte-Croix située à l'est de Forbach. Ancienne maison forte ou vieille dépendance d'un château ? Ce que l'on sait, c'est qu'une légende peu joyeuse entoure cet édifice. L'histoire est celle d'Alice de Werd, surnommée Alice de Forbach. Cette fille de comte aimait tellement se faire courtiser qu'elle provoqua une immense rivalité entre deux frères. Au final, les deux hommes périrent à cause de ce conflit. Prise de remords et surtout se rendant compte qu'elle en aimait sincèrement un des deux, Alice se retira du monde. Elle aurait construit un oratoire au Kreuzberg, sur le site de la chapelle Sainte-Croix, et serait enterrée au pied de l'autel.

Légende de la Comtesse de Bitche

Ne venez-vous pas de voir, du côté de Bitche un vendredi, une ombre féminine s'échapper furtivement ? Poussez un grand « ouf » de soulagement, vous venez d'échapper à un gros drame. Il s'agissait certainement du souvenir de la comtesse de Bitche.

Cette femme, épouse du comte Reichhart de Bitche, était prisonnière d'un horrible mauvais sort lancé par une sorcière.
Le vendredi, s'il arrivait à un être humain, qui venait de se laver et de se coiffer, de croiser la route de la comtesse, il était condamné à mourir dans l'année. La comtesse était consciente de ce mauvais sort et il lui arrivait souvent de se cacher quand arrivait le vendredi. L'histoire raconte qu'un jour, elle se cacha même de son mari. Pour cause, ce vendredi-là, le comte avait fait raser sa barbe et il s'était coupé les cheveux.

Légende de la Tour aux Puces de Thionville

Plusieurs versions s'affrontent quant à l'origine du nom de la Tour aux Puces de Thionville. On évoque une princesse emprisonnée puis grignotée par les puces, mais l'histoire qui revient avec le plus d'insistance, c'est celle des chiens de Charlemagne. On dit qu'à l'époque de son règne, l'empereur adorait les grosses parties de chasse et il emmenait avec lui une impressionnante meute de chiens. Seulement, lorsque Charlemagne n'était pas à l'est de son royaume, ces canidés, qui se comptaient par centaines, étaient gardés à Thionville. La ville était alors infestée de puces pour le plus grand malheur des habitants.
Ces derniers envoyèrent une missive à l'empereur qui, sans hésiter, fit construire une tour pour y placer les chiens. Du coup, dans cette tour qui sera le donjon du château des Ducs de Luxembourg, on y trouvait les chiens de Charlemagne… et des puces.

Légende du Waldeck

Vous entendez ce petit cliquetis aux abords de l'étang de Waldeck ? Quelque part, dans la tourbière, deux chevaliers jouent le salut de leur âme. Il s'agit de la légende du Waldeck. Dans un temps très lointain, deux seigneurs avaient chacun une fille en âge de se marier. Le prince d'une contrée renommée du coin cherchait quant à lui une promise et, logiquement, les deux seigneurs allèrent lui présenter leurs filles chéries. Toutes deux étaient magnifiques et le prince ne savait pas laquelle choisir. Du coup, il proposa aux deux seigneurs un tirage au sort. Soucieux de se mêler des affaires les plus scabreuses, le Diable en personne intervint. Il proposa un duel à mort entre les deux pères. Les deux chevaliers étaient amis et ils refusèrent le combat, préférant jouer l'avenir de leurs filles aux dés. Furieux, le Diable leur lança une malédiction : le premier qui s'arrêterait de jouer aux dés ira tout droit en enfer. Dès lors, il paraît que certains promeneurs entendent encore de petits bruits de dés dans le secteur. Quant au mariage du prince et des filles du Seigneur, la légende ne révèle rien de son dénouement.

Les boules de Noël de Meisenthal

L'histoire raconte que pendant la grande sécheresse de 1858 qui priva les Vosges du Nord de fruits pour les sapins de Noël, un souffleur de verre de Goetzenbruck au coeur du Parc naturel régional des Vosges du Nord, tenta de compenser cette injustice en soufflant quelques boules en verre et déclencha à lui seul une véritable tradition. Celle-ci s'est installée dans le temps et la production s'est développée... En 1964, la verrerie

© GUY REBMEISTER

Boules de noël de Meisenthal ARTI 2018, créées par Nathalie Nierengarten.

de Goetzenbruck arrête la fabrication de ses boules de Noël. En 1992, la création du Centre international d'art verrier (CIAV) installé sur le site de l'ancienne verrerie de Meisenthal, fait renaître l'envie de produire à nouveau ces boules emblématiques. Des rencontres autour des techniques de soufflage et d'argenture sont alors organisées, les derniers verriers transmettent les secrets du soufflage de ces boules de Noël. Leur production augmente à l'approche des fêtes pour décorer les sapins. La boule est revisitée chaque année par des designers et des artistes, elle prend alors de nouvelles couleurs et de nouvelles formes toujours plus originales.

La tradition des carnavals

Il est courant, quand on parle de carnavals, de citer Rio de Janeiro, Venise ou Nice. Pourtant, il est temps d'ancrer dans les mentalités qu'en Moselle aussi, on sait se déguiser, danser et faire la fête dans les rues de nos bourgades. De février à avril, plusieurs villes mosellanes organisent ainsi leur carnaval, de Forbach à Saint-Avold, en passant par Cocheren, Le Ban Saint Martin, Hagondange, Carling ou Vic-sur-Seille. Seulement, il faut bien admettre que le carnaval le plus couru se tient dans l'est du département.

Chaque année durant la semaine qui précède le Mardi gras, Sarreguemines abrite une immense fête qui dure une dizaine de jours. Cette tradition se révèle vieille de plus d'un siècle et elle propose trois temps forts : les « kappensitzungen », ces soirées satyriques sur des personnalités politiques, le grand défilé dans les rues sarregueminoises et bien sûr les bals masqués, incontournables lors d'un carnaval.

QUALITÉ MOSL

Un petit label blanc, noir et rouge qui veut dire beaucoup de belles choses. Il s'affiche sur les vitrines et sur les produits de nombreux producteurs, artisans ou restaurants. Il est réservé, et soigneusement délivré, aux professionnels mosellans pour vous guider et trouver les bons produits ou vivre les expériences typiques de cette belle Moselle. Les établissements cités dans ce guide sont tous agréés Qualité MOSL, pour ne vous présenter que le meilleur !

Artisans et Producteurs Qualité MOSL

Les produits « Qualité MOSL », tels que des gourmandises à déguster ou des beaux objets de décoration à offrir, respectent un cahier des charges précis : une production locale, une information claire sur l'origine des produits et un savoir-faire issu de Moselle. En clair, le geste de consommer un produit labélisé « Qualité MOSL » génère un double engagement. Celui de favoriser le terroir local et celui de préférer la qualité d'ici à l'incertitude d'ailleurs.

© PHOTO DE VÉRO

Maude dans son atelier de bijoux eco-responsables Modibulle.

Restaurants Qualité MOSL

Dis-moi ce que tu cuisines, je te dirai qui tu es. Derrière les fourneaux des établissements de restauration présents dans ce guide destiné aux familles, on ne trouve que des chefs qui privilégient des produits locaux. Soigneusement sélectionnés parce qu'ils subliment des viandes, des légumes, des vins et des arômes mosellans, ces établissements n'entrent pour autant dans aucun stéréotype. Ce label s'appose en effet sur la carte de restaurants gastronomiques autant qu'il s'affiche sur le pare-brise d'un food-truck ou la vitrine d'un traiteur. Ainsi, la variété des enseignes et la pluralité des cuisines des restaurants labellisés « Qualité MOSL » prouvent qu'avec la production mosellane, il est possible de nuancer les saveurs à volonté. En somme, chaque membre d'une grande famille trouvera chaussure à son palais parmi les restaurants, brasseries, cafés, auberges possédant cet alléchant label « Qualité MOSL ».

FESTIVALS ET MANIFESTATIONS

Fêtes

■ FESTIVAL BÊTES ET SORCIÈRES

www.betesetsorcieres.fr

En Moselle. Seconde partie du mois d'octobre.

Sortez les balais, percez les citrouilles ! Autour de la date d'Halloween, chaque année et durant une vingtaine de jours, une cinquantaine de sites mosellans cherchent à dispenser de doux frissons d'horreur dans le cadre du festival Bêtes et Sorcières. Pêle-mêle, on peut ainsi se perdre dans des parcs complètement théâtralisés (comme au Parc Animalier de Sainte Croix ou à Walygator), écouter des contes dans des ambiances médiévales (à Malbrouck ou au Château de Saint Sixte) ou encore mener l'enquête dans des couloirs terrifiants (à la Citadelle de Bitche ou au Parc Explor Wendel). Le programme change chaque année et il n'est au final pas vraiment surprenant de voir un tel festival en Moselle. En effet, Halloween trouve quelques-unes de ses racines dans l'Est de la France. À l'époque, la Rommebootzennaat – qui signifie « la nuit des betteraves grimaçantes » en francique lorrain – était un moment durant lequel les enfants creusaient des grimaces dans des betteraves avant de les éclairer d'une bougie et de les déposer un peu partout.

Noëls de Moselle

En Moselle. En décembre. www.noelsdemoselle.fr

Qui a dit que Noël était une fête comme les autres ? Le coupable n'a sans doute jamais mis les pieds en Moselle entre la fin de novembre et le début du mois de janvier. Noëls de Moselle, c'est tout le territoire qui se met au diapason d'une période synonyme de moments fédérateurs, joyeux et familiaux. De nombreux évènements se tiennent ainsi entre les frontières mosellanes et quelques-uns sont devenus incontournables. La grande parade de Thionville, le marché de Saint-Nicolas à Yutz, la tradition des boules de verre soufflées… et surtout le fameux Sentier des Lanternes. Au cœur d'un parc de Metz, un chemin se retrouve éclairé par des lanternes aux formes douces, féeriques et envoûtantes. Des ours, des lutins, des fées ou d'autres créatures permettent chaque mois de décembre d'offrir une part de rêve aux touts petits. Et aux plus anciens, car on vous le répète : Noël, en Moselle, n'est pas une fête comme les autres.

FÊTE DES VINS DE MOSELLE

Dans un village viticole mosellan. Un dimanche d'avril ou de mai.

Cet événement se tient tous les ans dans un village viticole du département et il permet de mettre à l'honneur des producteurs qui perpétuent une vraie tradition mosellane, celle de la viticulture. Il faut savoir que la Moselle produit du vin depuis l'Antiquité romaine et que, si elle n'a pas la renommée d'autres territoires français, c'est à cause de la redoutable crise du phylloxéra du début du XXe siècle. Mais, depuis 2010, le vignoble mosellan possède un label AOC et il renaît doucement, mais sûrement. La Fête des Vins permet donc à quelques dizaines de viticulteurs d'exhiber leurs meilleurs breuvages et de mettre en valeur un patrimoine qu'il convient de transmettre aux générations les plus jeunes. Aussi, ces derniers pourront profiter des nombreuses activités et de quelques randonnées mises en place autour du monde viticole.

ESTIVALES DE BITCHE

Bitche
✆ 03 87 96 00 13
www.ville-bitche.fr
animation@ville-bitche.fr

Fin du mois de juillet.

Pas besoin de calendrier, pas besoin de panneaux. Les Estivales de Bitche courent sur trois jours en plein cœur des vacances de juillet et août. Pour les trouver, il suffit d'entrer dans la ville par un côté puis de suivre le bruit et les lumières. Le bruit des plus déchaînés sur les attractions de la fête foraine et les lumières du feu d'artifice, tiré le dimanche soir, à partir du fort Saint-Sébastien. Rendez-vous phare de la cité bitchoise, les Estivales proposent chaque année un programme diablement festif. Outre les manèges et le spectacle pyrotechnique, le public peut se régaler au marché artisanal, il peut se déhancher lors de concerts ou s'émerveiller devant différents spectacles. Pour chaque membre de

Concert des Surfin'Coconuts au Jardin pour la Paix aux Estivales de Bitche.

la famille, il est compliqué de ne pas trouver son compte sur les trois jours de festivités.

FESTIVAL LA MARELLE

31, rue du Parc
Maizières-lès-Metz
✆ 03 87 51 87 63
www.theatredest.org

Une semaine en juillet. Entrée : 6 € (les spectacles).

Le Festival de la Marelle réunit chaque année foule de curieux autour de spectacles s'adressant au jeune public. Ayant pour vocation de valoriser les arts vivants et d'épanouir la jeunesse, le festival programme plusieurs compagnies du coin, avec des formes variées et toujours actuelles. Charmant, bon enfant, coloré et émouvant : à coup sûr, il y a, à la clef, enchantement et surprises. Les spectacles sont variés et les ateliers permettent de vous mettre en scène dans une ambiance joviale. L'équipe du festival, particulièrement accueillante, porte aussi les couleurs de la Compagnie Théâtre Dest qui mène une action culturelle des plus remarquées dans la région. À découvrir, quel que soit l'âge !

FÊTES DE LA MIRABELLE

Metz
www.metz.fr
poleculture@mairie-metz.fr

Chaque année, durant la deuxième quinzaine d'août. Gratuit.

La mirabelle ? Le symbole de la Moselle par excellence, qui ne pèse pas plus de 15 g, noyau compris. Cette petite prune jaune au goût sucré vaut bien qu'on lui organise une fête ! Cette reine d'or est, depuis plus de 60 ans, mise à l'honneur dans toute la ville. La fête de la Mirabelle se déroule précisément

Septième édition de la Fête des vins de Moselle, Contz-les-Bains.

à l'époque où le fruit se retrouve sur tous les étalages et dans nombre de plats. La saison de la mirabelle est courte, de mi-août à fin août, après quoi il ne reste plus que les confitures ou l'eau-de-vie pour patienter... Après l'élection de la Reine de la Mirabelle et de ses deux dauphines (qui ravira petits et grands !), événement marquant le début des festivités, place à la fête et à la musique ! Tout au long de la semaine, des animations spécifiques honorent le fruit, or jaune de la région. Pour clore la fête, un magnifique feu d'artifice coloré illumine le ciel messin et, enfin, a lieu le Grand Corso de la Mirabelle, défilé de chars fleuris et d'artistes en tout genre. Durant cette semaine particulière, les chefs des restaurants de Metz et de la région ont pris l'habitude depuis quelques années de mettre la mirabelle à l'honneur sur leur carte.

FÊTE MÉDIÉVALE DE RODEMACK

Rodemack
✆ 03 82 51 25 01
www.avp-rodemack.fr
avp.rodemack@free.fr
En juin.

Une soudaine frénésie médiévale s'empare de Rodemack quand arrive le début de l'été. Il faut dire que la cité mosellane, avec ses remparts et son label « Plus beaux villages de France », se prête idéalement à des festivités qui sentent bon le Moyen Âge. La fête médiévale de Rodemack possède quelques marqueurs incontournables. Le bal médiéval du samedi soir, le grand défilé et l'immense foire. Au détour des nombreuses ruelles du bourg fortifié, il est ainsi possible de chiner tout un tas de produits du passé. Des bijoux, des accessoires en cuir, des répliques d'armes… en même temps que l'on croise des personnages venus tout droit du temps des châteaux forts. Des musiciens, des conteurs, des échassiers… se font un malin plaisir de surprendre les familles. Enfin, les enfants possèdent lors de cette fête leurs lieux privilégiés. Une aire de jeux médiévaux est à chaque fois mise en place et il est aussi prévu à chaque fois de leur faire découvrir d'antiques savoir-faire. La forge, la poterie, l'orfèvrerie, la vannerie et bien d'autres ateliers… Oyez oyez ! Rendez-vous à Rodemack au début de l'été.

FÊTE MÉDIÉVALE DE SIERCK

Château des Ducs de Lorraine
Rue du château
Sierck-les-Bains
✆ 03 82 83 67 97
www.chateau-sierck.com
info@chateau-sierck.com
Chaque année durant un week-end d'août. Entrée : 8 € (pass deux jours à 10 €). Gratuit jusqu'à 10 ans et pour les personnes déguisées en costume médiéval. 5 € jusqu'à 16 ans (Pass deux jours à 7 €).

Aucune négociation possible. Fin août, les apprentis chevaliers ont rendez-vous à Sierck-les-Bains. Ils répondent à l'appel de la Fête du Château des Ducs de Lorraine et ils rencontrent tous leurs congénères. Là-bas, ils assistent ou participent à des combats de chevaliers, des joutes équestres, des spectacles de fauconnerie… Chaque année, le grand château fort du nord-mosellan est le théâtre d'une fête médiévale de premier plan. Nombre d'animations sont proposées la journée et le soir durant un samedi et un dimanche. Des compagnies de reconstitution médiévale ont la charge de plonger les visiteurs dans une époque toujours fascinante et, en fil rouge, un marché d'époque prend place au pied du château. Lorsque la nuit tombe, des spectacles pyrotechniques embrasent l'atmosphère et finissent de laisser une trace indélébile et historique dans les souvenirs de nos chevaliers en culotte courte.

Manifestations culturelles – Festivals

LOOSTIK

Le Carreau
Avenue Saint-Rémy
Forbach
http://carreau-forbach.com
10 jours en octobre. De 3,5 à 10 €.

Hauts comme trois pommes et vieux comme deux printemps. Et alors ? Peut-on empêcher le jeune public d'assister à un festival franco-allemand ?

© OT RODEMACK

Fête médiévale de Rodemack.

En Moselle, département transfrontalier par excellence, évidemment pas. Voilà pourquoi, chaque année en novembre, la ville française de Forbach et la municipalité allemande de Saarbrücken s'associent pour organiser le festival Loostick. L'événement se réclame à destination d'enfants de tous les âges. À cet effet, la programmation se révèle très diverse. Spectacles, ateliers, films d'animation, ateliers… Le tout en français, en allemand voire même sans parole. Le festival Loostick brasse les langues et les cultures dans le but d'ouvrir l'esprit de jeunes transfrontaliers au quotidien franco-allemand, vivant dans l'Est du département mosellan.

FESTIVAL BD DE MALBROUCK

Château de Malbrouck
Manderen-Ritzing
✆ 03 87 35 03 87
www.chateau-malbrouck.com

Chaque année durant un week-end de juin. Entrée : 5 €. Gratuit pour les moins de 12 ans et les personnes costumées en héros de bande dessinée.

La bande dessinée prend désormais l'habitude de s'installer au Château de Malbrouck au début de l'été. Quel que soit le thème central, de nombreux auteurs investissent la cour et les salles du grand château à l'occasion de ce festival dédié à la bande dessinée. Au programme, chaque année depuis 2017 : des séances de dédicaces, des animations, des conférences, des reconstitutions historiques et une très grande exposition. Les thèmes explorés par ce festival peuvent se révéler très variés et, à chaque fois, ils permettent aux plus vieux de se remémorer des souvenirs d'enfant et aux plus jeunes de découvrir de nouveaux héros et des épopées toutes neuves.

Constellations de Metz.

DEMANDEZ-NOUS LA LUNE
Site Verrier de Meisenthal
Halle Verrière, Meisenthal
✆ 03 87 96 82 91
www.halle-verriere.fr
Chaque année durant un week-end de mai. Gratuit.
Un événement pour en prendre plein les mirettes et à tous les âges. Le lieu d'abord. Le festival « Demandez-nous la lune » se déroule en effet au cœur de l'impressionnante halle verrière de Meisenthal. Haute, géante, celle-ci se pose comme le lieu idéal à l'accueil d'artistes vertigineux. Car l'essence de cet évènement, c'est de proposer le temps d'un week-end ce qui se fait de mieux en matière d'art de la rue. Aux quatre coins de la halle, s'expriment des compagnies de théâtre qui, tour à tour, provoquent des sourires, des émotions ou des rires. Envie d'échanger, de rigoler ou de danser ? Il suffit de demander la lune, une fois par an du côté de Meisenthal.

CONSTELLATIONS DE METZ
Metz
✆ 03 87 39 01 02
www.constellations-metz.fr
En été, divers lieux dans la ville. Entrée gratuite.
Un événement estival qui a pris l'habitude de ravir les messins et tous les visiteurs, de plus en plus nombreux à profiter de Constellations, qui permet de découvrir la ville sous un autre angle. Pour cause, l'événement promet d'énormes moments de rêves et de lumière. Chacun prend ainsi un plaisir fou à suivre un parcours artistique (street art, pierres numériques, art et jardin...), à admirer une exposition ou à assister à quelques concerts ou animations… Ce festival met à l'honneur les arts numériques et artistiques et chaque année, l'apothéose se découvre sur la grande façade de la majestueuse cathédrale Saint-Étienne. Là, chaque soir, le mapping projeté sur l'édifice messin laisse chaque spectateur bouche-bée, qu'il soit très petit ou très grand.

Manifestations sportives

FESTIVAL RANDO-MOSELLE
www.randomoselle.com
En Moselle. Durant l'été.
Activité familiale par excellence, la randonnée possède son évènement phare en Moselle. Baptisé « Rando-Moselle » , ce festival est né en 2007 dans les forêts vosgiennes autour de Saint-Quirin et, désormais, il se tient partout dans le département. Le temps d'une dizaine de jours, au début du mois de juin traditionnellement, les professionnels du tourisme et différentes associations proposent de multiples randonnées à thèmes. La plupart du temps, elles sont largement accessibles à tous et, toujours, elles proposent de découvrir quelques-uns des plus beaux sentiers du territoire. Sur les chemins de vignes du pays de Sierck, sur les berges de la Moselle en pays messin ou encore à la découverte de quelques vestiges de la ligne Maginot du côté de Cattenom.

Spectacles historiques – Son et lumière

VITA ROMANA
1, rue Robert Schuman, Bliesbruck
✆ 03 87 35 02 20
www.archeo57.com
bliesbruck@moselle.fr
Chaque année durant un week-end d'août. Entrée : 7 €. Gratuit jusqu'à 16 ans.

Cela fait un quart de siècle que Vita Romana se pose comme la manifestation phare du Parc archéologique de Bliesbruck-Reinheim. Durant un week-end des vacances d'été, des reconstitutions historiques redonnent vie à ce site antique. La vie des Romains est ainsi racontée grâce à quelques spectacles détonants et toujours très spectaculaires. Pêle-mêle, selon les éditions, il est possible d'assister à des combats de gladiateurs, des courses de chars, des entraînements de légionnaires... À chaque fois, des dizaines de figurants donnent vie à des scènes du passé pour le plus grand plaisir de spectateurs de tous les âges. Il n'y a en effet aucun âge pour renforcer sa culture historique et, depuis 25 ans, Vita Romana apparaît comme un moyen fun et pédagogique d'apprendre l'époque romaine. Par ailleurs, ce grand événement donne l'occasion à beaucoup de découvrir un site archéologique d'exception, à cheval sur la frontière franco-allemande.

© L. BECKRICH

Vita Romana, Parc de Bliesbruck Reinheim.

SPECTACLE LES ENFANTS DU CHARBON

Petite-Rosselle

www.lesenfantsducharbon.com

Plusieurs dates en août chaque année. Entrée : 18 €. Gratuit jusqu'à 7 ans, 8 € de 8 à 12 ans. Billetterie en ligne.

Susciter l'envie d'apprendre l'histoire aux plus jeunes peut parfois prendre la forme d'un périlleux casse-tête. Concernant la transmission du savoir historique mosellan autour du charbon, la solution est toute trouvée. Il convient de se rendre au spectacle vivant *Les Enfants du charbon* qui se tient chaque année sur un ancien site de puits de charbon, à Petite-Rosselle. Perché sur une tribune face à d'immenses infrastructures de fer, le public découvre la vie du mineur grâce à des projections de lumières, des scènes jouées par des acteurs ou encore des musiques immersives à souhait. Chaque année, le spectacle est retravaillé et il réclame un temps de préparation considérable à une centaine de bénévoles, acteurs, musiciens ou techniciens. L'histoire industrielle de la région, plus particulièrement celle des mines de charbon, se raconte grâce à un spectacle qu'il est impossible de voir ailleurs dans le monde. En effet, quel meilleur endroit pour voyager à travers l'épopée du charbon qu'un immense géant d'acier, planté là où le premier bloc de charbon a été extrait en juin 1856.

DE LIEUX EN LIEUX

Musée de la guerre de 1870 et de l'annexion – Gravelotte.

Aumetz

ÉCOMUSÉE DES MINES DE FER DE LORRAINE ⭐

25, rue Saint-Léger-de-Montbrillais
✆ 03 82 85 76 55
www.musee-minesdefer-lorraine.com
musee.des.mines@wanadoo.fr
Ouverture de mai à septembre. Ouvert du mardi au dimanche de 14h à 18h (dernière visite à 16h30). Durée de la visite : 1h30. Gratuit jusqu'à 6 ans. Adulte : 8 €. Enfant : 4 €. Tous les jours sur réservation pour les groupes. Groupes adultes (à partir de 15 personnes) : 7 € ; groupes scolaires : 3 €. Restauration (cafétéria de 80 places). Boutique.

Un véritable temple industriel, complémentaire au musée des Mines de fer de Neufchef. Les deux sites constituent d'ailleurs l'Écomusée des mines de fer de Lorraine. Cela dit, il peut être redondant pour un enfant de parcourir les deux mines dans la même journée quand on sait qu'une seule visite suffira à combler n'importe quel curieux. La mine d'Aumetz permet une immersion complète dans de véritables galeries. La visite permet donc de marcher sur les pas des anciennes « gueules jaunes » et chacun se rendra bien compte des rudes conditions de travail de l'époque. La visite aborde aussi l'aspect militaire de la sidérurgie, avec notamment la présentation d'une bombe datant de la Seconde Guerre mondiale. Enfin, l'escalade d'une grande plate-forme offre une vue très impressionnante sur l'héritage minier et militaire du territoire.

Château de Preisch – Basse Rentgen.

Basse-Ham

KOMM À LA FERME

ZAC Unicom © 03 82 53 95 51

Ouvert le jeudi et le vendredi de 10h à 19h ; le samedi de 9h à 13h.

N'est-il pas plus agréable de savoir d'où vient ce que l'on a dans notre assiette ? En allant faire ses emplettes en famille du côté de la ZAC Unicom de Basse-Ham, on rencontre de visu les producteurs. Là-bas, c'est la ferme qui vient directement dans l'assiette. Le magasin « Komm à la ferme » rassemble une vingtaine de producteurs locaux et le concept est celui du circuit court. Viandes en quantité limitée, fromages, vins, fruits et légumes de saison sont proposés à la vente et, logiquement, tous les produits viennent du pays thionvillois.

Basse-Rentgen

CHÂTEAU DE PREISCH

2, rue des Lilas © 03 82 83 40 73

www.chateaudepreisch.com

contact@chateaudepreisch.com

Ouvert de juillet à octobre. Ouvert le week-end et les jours fériés de 11h à 18h. Gratuit jusqu'à 5 ans (et pour les chômeurs). Adulte : 7 €. Parc ouvert aux VTT. Parc ouvert aux VTT.

Un ancien château fort dont il ne reste que les douves et qui a été reconstruit et modifié par de grandes familles mosellanes. Depuis, place à la flamboyance. Le Château de Preisch semble avoir été bâti pour émerveiller celles et ceux qui y pénètrent. La visite propose en effet de découvrir nombre de curiosités, dont quelques meubles et tableaux très insolites. Au cœur d'un domaine chargé d'histoire s'étendant sur près de 170 hectares, le château partage la vedette avec d'autres monuments dont une étonnante chapelle néogothique construite par un architecte messin dénommé Jacquemin. Il peut être malin de se renseigner sur quelques événements spéciaux ou visites à thèmes organisés au château. Par exemple, une visite rythmée par des lettres d'amour peut donner un aspect très poétique à la découverte de ce bel édifice.

Beyren-lès-Sierck

MUSÉE DES ILLUSIONS

65, rue des Joncs © 03 82 51 23 23

www.museedesillusions.wordpress.com

museedesillusions@gmail.com

Ouvert le week-end et les jours fériés de 14h30 à 17h30. Dernière entrée à 16h. Accueil des groupes tous les jours sur réservation. Gratuit jusqu'à 4 ans. Adulte : 8 €. Groupe (25 personnes) : 7,50 €. Accueil enfants. Restauration (crêperie).

Passionné de magie et d'illusion depuis toujours, Gilles Petermann a fait de sa passion un métier en montant de toutes pièces ce musée des Illusions. Situé dans une ancienne étable familiale, le musée présente une exposition permanente de 300 illusions d'optique et expériences scientifiques interactives. Au travers d'un parcours guidé, le maître des lieux invite chaque visiteur à découvrir et manipuler les différentes expériences. Quel est donc le mystère qui entoure le robinet du diable, le remonte-pente ou encore l'armoire des illusions ? Vous comprendrez vite qu'un vrai magicien ne révèle jamais ses secrets... À l'issue de la visite, le visiteur devient spectateur et acteur d'une représentation d'illusionnisme de 90 min, où le public est invité à participer aux différents tours de magie proposés. Est-il utile de préciser que les enfants adorent ?

Buding

LE MOULIN DE BUDING

9, rue du Moulin
✆ 03 82 83 21 57
www.arcmosellan.fr
contact@arcmosellan.fr

Ouvert toute l'année. Le mercredi de 14h à 17h ; le dimanche de 14h à 18h. Visite libre le mercredi ; visites guidées le dimanche : départs 14h30 et 16h30. Adulte : 4 €. Enfant : 2,50 €. Les consulter pour les tarifs basse saison de septembre à février. Accueil enfants (aire de jeux gratuite pour enfant, chemins de promenade accessibles aux poussettes). Visite guidée (toute l'année pour les groupes : 15 € par groupe et sur réservation uniquement). Boutique. Animations. Possibilité d'initiation à la pêche à la mouche, sur réservation au 03 82 83 21 57. Parking gratuit.

Plus qu'une visite, il s'agit presque d'un jeu de rôle. La découverte du Moulin de Buding a été complètement pensée pour transformer les visiteurs mineurs en de véritables petits meuniers. On entre dans le moulin, on décrypte les engrenages de la grande roue à pales entièrement restaurée, on se familiarise avec le quotidien des anciens habitants du lieu, on étudie le rôle important de la rivière pour la vie des Mosellans du XVIIIe siècle puis on en ressort en ayant fabriqué sa farine et son huile de colza. Tout fonctionne ici comme au temps de la production de farine. Treize moulins jalonnaient autrefois la vallée de la Canner et celui-ci, situé à une quinzaine de minutes de Thionville, propose une expérience inédite. Tout autour, une aire de jeux a été installée et il est grandement conseillé de prendre le temps de se promener en amont du plan d'eau.

Cattenom

CENTRALE NUCLÉAIRE

Centrale nucléaire de Cattenom
✆ 03 82 51 70 41
www.edf.fr
com-cattenom@edf.fr
Au-dessus de Thionville.

Ouvert le mercredi de 10h à 12h et de 13h à 17h. Ouvert les autres jours de la semaine sur rendez-vous. Gratuit. Visites guidées, conférences et parcours environnement sur réservation (groupes). Parcours nature en accès libre. Animations pour les enfants de 6 à 12 ans un mercredi par mois.

Par la fenêtre de la voiture familiale, pas un enfant qui n'a demandé à ses parents à quoi servent ces grosses cheminées qui dominent le paysage du nord-mosellan. Alors quoi de mieux qu'une visite de la centrale nucléaire en question pour répondre à toutes ces questions ? Car au sein de son centre d'information, EDF a mis en place un parcours pour que chacun comprenne comment fonctionne la production de l'électricité. Tout cela sous forme de films, de maquettes et de modules interactifs. Par ailleurs, un circuit pédestre autour de la centrale emmène les promeneurs autour du lac de Mirgenbach.

Colmen

LA VERRIÈRE

2, rue Principale
✆ 06 37 37 91 34
info@laverriere.vin

Ouvert le mardi et le mercredi de 18h à 22h ; du jeudi au samedi de 18h à 0h.

Qu'on se le dise, il n'existe pas mille prétextes pour stopper son véhicule à Colmen. Pourtant, dans ce village d'à peine 200 habitants, la Verrière mérite diablement le détour pour une pause familiale. Parce que c'est un bar à vin pour les adultes mais aussi parce que les enfants y trouveront leur compte. Quoi de plus convivial qu'une belle planche de fromage ou de charcuterie à se partager ? Quoi de plus sympathique que ces sortes de pizzas-baguettes baptisées gautinettes ? En outre, pendant que les grands savoureront un bon verre de vin conseillé par les propriétaires, les plus jeunes pourront jouer sur une terrasse en bord de champ ou dans un coin qui leur est dédié avec des jeux et du coloriage.

Hayange

Emplettes

AUX DÉLICES LORRAINES

1a, rue du Général-de-Gaulle
✆ 03 82 84 20 37
www.patisserie-hayange.fr
contact@patisserie-hayange.fr
Ouvert du mardi au dimanche de 8h à 12h et de 14h à 18h30.

Il existe plusieurs façons de sensibiliser les plus petits au passé industriel de la région. Il est possible de pousser la porte d'un musée, de visiter une mine ou de choisir l'option gourmande de cette pâtisserie d'Hayange. Chez Patrick Vichard, il convient absolument de goûter la spécialité de la maison : le minerai de fer. Il permet de parler de l'histoire du fer du territoire nord-mosellan mais surtout de partir pour un voyage culinaire délicieux. Présenté dans un petit wagon en chocolat, le minerai de fer est un praliné finalement croustillant. Et purement historique et délicieux.

© ATYPIC PROD

Aux Délices Lorraines – Hayange.

Hombourg-Budange

LE FALKO

32, rue Principale
✆ 03 54 54 39 56
Ouvert du mercredi au vendredi de 7h45 à 20h ; le samedi de 9h à 0h ; le dimanche de 10h à 15h. Carte : 14 € environ. Plat du jour : 9 €.

Rarement, il a été plus agréable de s'arrêter dans un troquet. Au Falko, l'ardoise des propositions du jour reste encore imprégnée du menu des jours précédents. On efface partiellement, on réécrit, un invente et, au final, on propose chaque jour des plats de bistrot très garnis et très savoureux. Un burger ? Oui mais avec de la viande locale et des frites maison. Une planche pour l'apéro ? Certes, avec de la charcuterie achetée chez le boucher du coin. À l'heure du déjeuner, il est de fait très pertinent de s'arrêter à cette adresse conviviale et sans fioritures.

Knutange

REMOTEL

75, rue de la République
✆ 03 82 85 19 23
www.remotel.fr – info@remotel.fr
Ouvert du mardi au dimanche le midi et le soir. Menus de 20 € à 35 €. Formule du midi : 10 € (plat et dessert).

Un restaurant parfaitement en adéquation avec ses alentours. Un petit tour en famille vous a mené vers le nord du département ? Sur les traces du passé sidérurgique de la région ? Arrêtez-vous au Remotel pour un déjeuner ou un dîner classique comme tout. Et dans cet hôtel-restaurant de Knutange, le mot « classique » n'a rien d'infamant. Au contraire, ce mot « classique » absorbe dans son champ lexical des mots délicieux comme « tournedos », « faux-filet » « meringue » ou « saumon fumé ». Plusieurs formules sont disponibles pour chaque membre de la tablée. Vos marmots préfèrent le sucré ? Ils peuvent zapper l'entrée et opter pour le menu plat et dessert. En somme, un repas classique au Remotel est un moment qu'il convient de ne pas manquer.

Malling

Se restaurer

RESTAURANT OLMI

11, route Nationale
✆ 03 82 50 10 65
www.olmi-restaurant.fr
Ouvert le mercredi, le vendredi et le samedi le midi et le soir ; le jeudi et le dimanche le midi. Menus de 45 € à 65 €. Menu enfant : 17 €. Formule du midi : 27 €.

Attention, ici, on s'applique. La moindre assiette qui sort de la cuisine du Restaurant Olmi semble avoir été dessinée par un artiste peintre tant les couleurs sont vives et les mets bien disposés. Beau donc, et bon. Cette adresse du nord du département mosellan propose une cuisine gastronomique avec des produits de saison. Impossible de citer un plat phare car les propositions évoluent selon l'inspiration du chef. Il existe un menu enfant pour les moins de 14 ans mais, même pour eux, l'assiette se révèle soignée et digne d'un grand établissement.

Emplettes

DISTILLERIE LEISEN – DOMAINE LE STROMBERG

19-21, Grande Rue
✆ 03 82 50 10 15
j.marie.leisen@wanadoo.fr
Ouvert le lundi et le mardi de 14h à 18h30 ; du mercredi au samedi de 10h à 12h et de 14h à 18h30. Visite toute l'année sur rendez-vous.

Eaux-de-vie de mirabelles, eaux-de-vie d'autres saveurs et liqueurs de fruits. Depuis plus de deux décennies, la distillerie artisanale de Jean-Marie Leisen éveille les palais de nombres de Mosellans. Majeurs pour la plupart, il faut bien l'admettre. Les plus jeunes, à défaut de goûter au fameux schnaps, seront à coup sûr très curieux de tout savoir sur une distillerie qui se visite sur rendez-vous. En suivant ce producteur passionné dans ses ateliers, ils apprendront tout de la lente fermentation naturelle, de la distillation, de l'intérêt d'utiliser des alambics en cuivre ou encore des subtilités du vieillissement.

Manderen-Ritzing

Aux confins des frontières de la Moselle avec le Luxembourg et l'Allemagne, Manderen-Ritzing s'enorgueillit d'abriter l'un des plus beaux châteaux du département : le Château de Malbrouck qui surplombe majestueusement le bourg. Traversée par une voie romaine, à la croisée de trois pays qui se disputèrent le territoire moult fois au cours de l'histoire, Manderen fut autrefois une cité marchande et prospère. Aujourd'hui, son nom est immanquablement associé au château dont les tours sont visibles depuis toute la vallée.

■ **CHÂTEAU DE MALBROUCK** ★★
Rue du Château ✆ 03 87 35 03 87
Voir page 14.

Manom

A voir - A faire

■ **CHÂTEAU DE LA GRANGE**
Route du Luxembourg
✆ 03 82 53 85 03
www.chateaudelagrange.com
info@chateaudelagrange.com
Ouverture du jardin et du château d'avril à octobre.Basse saison : ouvert le week-end et les jours fériés de 14h à 18h. Haute saison : tous les jours de 14h à 18h. Gratuit jusqu'à 12 ans. Adulte : 7,50 €. Groupe (20 personnes) : 7 €. Tarifs incluant la visite du château et du jardin. Visite guidée (visite pour les groupes toute l'année sur réservation). Boutique.

Il existe plusieurs bonnes raisons de franchir les grilles du Château de la Grange. Pour un saut dans le temps d'abord. Car cheminer dans les pièces de cette bâtisse classique construite en 1714 donne des envies de perruques et de banquets somptueux aux plus petits rêveurs. Pour une balade bucolique ensuite. Car le Jardin des Prairiales offre un bol d'air frais très classe à quelques pas de la seconde ville de Moselle, Thionville. Pour des événements spéciaux, enfin, dont certains sont complètement destinés aux enfants. Citons la fameuse chasse aux œufs dans le jardin qui, chaque week-end de Pâques, donne lieu à d'épiques chasses au trésor.

© F. DONCOURT

L'intérieur du château de la Grange – Manom.

Montenach

A voir – A faire

LA CABANE

Chemin d'Evendorff
✆ 03 82 88 77 49
www.maisondelanature.eu
contact@maisondelanature.eu
Horaires de printemps (d'avril à juin) : du mardi au vendredi de 13h30 à 17h30 et 18h30 le dimanche. Horaires de juillet 2020 à avril 2021 : du mardi au vendredi de 13h30 à 17h. Pour les groupes, sur réservation toute l'année. Adulte : 5 € (visite guidée). Enfant (de 4 à 12 ans) : 2 €. Pour tous les tarifs et les animations et autres ateliers, se renseigner directement sur le site. Visite guidée. Boutique. Animations. Cafétéria.
Une connexion sans fil et illimitée à la nature. Sans smartphone ni ordinateur. Et pourtant, vous ne verrez là-bas que des marmots avec de grands sourires. A Montenach, la Maison de la Nature du Pays de Sierck, surnommée « *La Cabane* », possède absolument tous les atouts nécessaires à un dépaysement sans artifices. Que ce soit grâce aux sentiers qui serpentent autour de la maison ou grâce aux multiples activités proposées par l'établissement. Si de belles promenades dans un paysage luxuriant ne vous suffisent pas, vous aurez tout loisir de vous inscrire à de nombreux ateliers en famille. Prenez les cours « Cueillette et popote ». On cueille, on cuisine et on repart avec sa préparation. Prenez les stages de photo. On apprend, on sort, on randonne, on photographie. Il est conseillé de consulter le programme avant de se rendre à Montenach afin de prendre connaissance des multiples propositions à la carte (cuisine, photographie, randos, mais aussi dégustation, jardinage...). Pour les enfants, la Maison de Nature accueille toute l'année des groupes scolaires et périscolaires et elle peut se charger d'accueillir les bambins pour d'inoubliables goûters d'anniversaire en pleine nature.

Restaurant le K – Domaine de la Klauss – Montenach.

Se restaurer

AUBERGE DE LA KLAUSS

1, route de Kirschnaumen
✆ 03 82 83 72 38
www.auberge-de-la-klauss.com
Fermeture le 14 juillet, à Noël et au Nouvel An. Ouvert du mardi au dimanche le midi et le soir. Horaires de la boutique du mardi au dimanche de 10h à 21h. Menus de 22 € à 60 €. Carte : 23 € environ. Menu enfant : 10 €. Vin au verre. American Express, Chèque Restaurant. Accueil des groupes. Chaises bébé. Terrasse. Boutique.

Amis gastronomes, que diriez-vous d'une magnifique étape gourmande au cœur du pays des 3 frontières, dans une auberge construite au XIXe siècle ? Quatre salles pouvant accueillir jusqu' à 200 personnes, une terrasse couverte, une vieille cheminée, le cadre dégage une chaleur proche d'un bon foyer familial. Sauf qu'on y mange généralement mieux qu'à la table de sa cuisine personnelle. D'abord car les produits viennent du cru. La maison est en effet spécialisée dans le foie gras et possède son propre élevage d'oies et de canards, élevés sur les 8 hectares de verdure que possède l'auberge. On retrouve évidemment ces produits dans des assiettes qui séduiront petits et grands. Et pour ne pas repartir sans aucun souvenir, la boutique vend toutes sortes de produits maisons : jambons, saucissons, gésiers confits, magrets...

DOMAINE DE LA KLAUSS-RESTAURANT LE K.

RELAIS & CHATEAUX

2, Impasse du Klaussberg
✆ 03 82 83 19 75
www.domainedelaklauss.com
contact@domainedelaklauss.com
Ouvert du lundi au samedi de 19h à 21h. Fermé les midis et le dimanche soir. Réservation recommandée. Menus de 49 € à 112 €. Carte : 38 € environ. Vin au verre.

Le « K » est le restaurant gastronomique situé au cœur du superbe hôtel du domaine de la Klauss. Les murs en pierre, les piliers et les voûtes donnent à ce lieu un charme ancien que vient contrebalancer la cuisine moderne proposée par le chef Benoît Potdevin. Son expérience, forgée auprès de plusieurs maisons étoilées, et son talent vous feront redécouvrir des produits de saison revisités. Un point d'honneur est mis à relever les arômes des plats et à les laisser s'exprimer pour le plus grand plaisir de votre palais.

Cette explosion de saveurs est réservée à des dîners intimes ou, s'ils sont familiaux, à de vraies tablées de gastronomes.

Neufchef

A voir - A faire

MUSÉE DES MINES DE FER ★

Rue du Musée
✆ 03 82 85 76 55
www.musee-minesdefer-lorraine.com
musee.des.mines@wanadoo.fr
Ouvert toute l'année. Du mardi au dimanche et les jours fériés de 14h à 18h (dernière visite à 16h30). Adulte : 8 €. Enfants et étudiants : 4€. Groupes scolaires 3€/pers. Groupes adultes : 7€/pers. Visite guidée. Restauration (restaurant Le Relais du Musée). Boutique. Salle de conférence, aire de jeux.

Rien que d'enfiler un casque pour s'enfoncer dans la mine risque de séduire le plus réfractaire des enfants. Dans la mine de Neufchef, on découvre le travail du mineur à travers les années et on le fait comme si on y travaillait. Dans la mine ancienne de 1820 puis dans une mine à dimension industrielle. Pompes actionnées par des chevaux, wagons tirés par des ânes puis appareils mécaniques ou électriques, salle de cantine... sur à peu près un kilomètre et demi, la mine de Neufchef permet de comprendre le fonctionnement d'une ancienne mine de fer. Le tout après un tour dans les salles du musée, chargées de raconter la vie sociale dans les cités minières de l'ancienne région Lorraine. Pour le moment, cette histoire est encore racontée par celles et ceux qui l'ont vécue. En l'occurrence par les membres de l'Association Mémoire Ouvrière des Mines de Fer de Lorraine (AMOMFERLOR). Attention, même au cœur de l'été, il y fait très froid.

FERME DE NEUFCHEF

14, chemin des Fardiers
✆ 06 85 30 76 80
hottier.hubert@neuf.fr
Ouvert du lundi au vendredi de 16h à 19h. Contacter la ferme pour des visites.

Un petit détour à la campagne qu'il serait indélicat de faire sans ses marmots. La ferme de Neufchef est en premier lieu un espace de vente. Un endroit où il est possible de trouver de la volaille, du fromage, de la farine, de la confiture ou encore des yaourts ou de la crème. Mais surtout, la ferme de Neufchef se revendique aussi comme une ferme pédagogique. Comprenez que les exploitants se feront un plaisir de vous faire découvrir leur métier et leur exploitation. Évidemment, les tout-petits prendront un plaisir délicat à caresser les petits moutons et à toucher les imposants tracteurs. Il est conseillé de contacter la ferme au préalable pour toute visite.

Rodemack

La « Petite Carcassonne lorraine » fait partie des plus beaux villages de France. En pénétrant dans le village, on fait un bond en arrière d'un millénaire : Rodemack existe depuis au moins l'époque romaine. Entourée de remparts érigés au Moyen-Âge lorsque la ville devient indépendante, la cité est gardée par une porte fortifiée imposante. Au hasard des rues, on découvre des maisons flanquées de tours, un lavoir, un château, une église, calvaires... Un patrimoine architectural et historique que l'on peut pleinement apprécier lors de la fête médiévale qui a lieu tout les ans au mois de juin.

CITADELLE DE RODEMACK

Ouvert toute l'année sur réservation. Ouvert tous les jours de 10h à 17h. Gratuit jusqu'à 14 ans. Adulte : 4 €. Enfant : 2 €. Visite guidée (contactez l'office de tourisme).

Depuis le printemps 2016, où d'importantes fouilles archéologiques préventives ont été faites en vue de sa valorisation, la citadelle de Rodemack se dévoile et présente un patrimoine de guerre qui a traversé les siècles. Cette fortification a en effet essuyé de très nombreux sièges à travers l'histoire, de la guerre de Trente Ans au XIXe siècle, où elle fut notamment défendue par le père de Victor Hugo. Faites une plongée dans l'histoire et découvrez notamment la galerie d'artillerie maçonnée du XVe siècle et la cave voûtée Renaissance. Prolongez la visite par la découverte du bourg médiéval de Rodemack et ses remparts qui sont en accès libre tout au long de l'année.

Sierck-les-Bains

A voir – A faire

■ CHÂTEAU DES DUCS DE LORRAINE ⭐

Rue du Château
✆ 03 82 83 67 97
www.chateau-sierck.com
asso@chateau-sierck.com

Fermé du 14 mars au 11 novembre. Basse saison : ouvert tous les jours et les jours fériés de 11h à 17h. Haute saison : tous les jours et les jours fériés de 10h à 18h. Gratuit jusqu'à 6 ans (pour les habitants de Sierk les Bains). Adulte : 6 €. Enfant (de 6 à 14 ans) : 4 € (pour étudiants et chômeurs aussi). Groupe (15 personnes) : 4 €. Tarif super réduit : 2.5 € (groupes scolaires de plus de 15 personnes), Pour un groupe d'adulte : 1 gratuité pour 25 personnes, pour un groupe d'enfants : 1 gratuité pour 8 enfants. Animations.

Attention, nous sommes là face à un vrai château fort. Ceux qui émerveillent les rêves d'enfants et qui abritent les fameuses légendes de chevaliers ou de princesses. Ceux que les plus petits construisent avec des briques multicolores avant de les déglinguer afin de simuler l'attaque de l'ennemi. Placé au milieu des trois frontières allemandes, luxembourgeoises et françaises, le Château de Sierck-les-Bains domine majestueusement la vallée de la Moselle, comme pour montrer qu'il fut, en son temps, une des résidences privilégiées des différents ducs de Lorraine. S'il est plus que pertinent de le visiter, c'est parce que sa sublime conservation fait de lui un vrai château fort de contes de fées. Il comporte encore ses murs d'enceinte, ses casemates, ses grandes tours à meurtrières ou ses souterrains... Un vrai théâtre des rêves d'enfants. Aujourd'hui, il revit grâce à des expositions permanentes, mais aussi à des événements plus ciblés. Escape games, jeux médiévaux ou soirées de contes pour enfants sont ainsi régulièrement organisés entre ses murs.

Se restaurer

■ AUBERGE SAINT VINCENT

8, Quai des Ducs de Lorraine
✆ 03 82 83 71 06
www.aubergesaintvincentsierck.com
aubergesaintvincentsierck@gmail.com

Ouvert du mardi au dimanche de 11h30 à 17h. Carte : 21 € environ. Menu enfant : 12 €. Plat du jour : 10 €.

Le genre d'endroit où il est important d'avoir très faim. Pas seulement faim. Très faim. Dans cette auberge traditionnelle située au nord du département mosellan, on sert du local en grande quantité. Ce qui déborde des assiettes ? Des produits du terroir évidemment. Jarret de cochon, escalope de veau à la crème, tartiflette du cru, assortiment de charcuterie, burger avec moutarde à l'ancienne... À l'auberge Saint-Vincent, chacun pourra trouver un bonheur authentique, sain et surtout gourmand. Les enfants se sentiront attablés comme dans une grande maison familiale d'autant qu'ils ne sont pas oubliés par le cuistot. Un menu leur est dédié avec une petite surprise à la clef. Enfin, avant de sortir, il convient de faire un petit tour à la boutique afin de faire le plein de produits issus des producteurs des alentours.

Emplettes

LES RUCHERS DES DUCS DE LORRAINE

33, rue du Mur Blanc
✆ 06 86 52 34 75
www.rucherdesducsdelorraine.fr
carter.etienne0@orange.fr
Sur rendez-vous.

Voici une miellerie qui ne divulgue pas ses horaires d'ouverture. Pour cause, les producteurs Étienne et Jean-Jacques Carter butinent d'une ruche à une autre. Alors, pour échanger avec eux et prendre rendez-vous à la boutique, il convient de les contacter. Libre aux clients et à leurs enfants, après, de goûter à toutes sortes de miels locaux. Il est également conseillé de craquer pour le pain d'épices au miel ou le nougat, fabriqué de manière artisanale évidemment. En cas d'absence des producteurs, il existe une boutique en ligne.

Terville

AVEC AMOUR

85, route de Verdun ✆ 09 87 58 44 61
avecamour.restaurant@gmail.com
Ouvert le mardi et le mercredi de 12h à 14h ; du jeudi au samedi de 12h à 14h et de 19h30 à 22h. Carte : 21 € environ. Formule : 30 €. Entrée/plat ou plat/dessert à 25 €.

Des petits cœurs partout et beaucoup d'affection dans les assiettes. Si un membre de votre famille a lancé un avis de recherche sur Cupidon, il lui est déconseillé de franchir la porte d'entrée de ce restaurant mosellan. Car comme son nom l'indique, cet établissement chouchoute ses convives avec amour. La chef Jodie Givert travaille des produits locaux et elle se plie en quatre pour combler les grands gourmands et les petits gourmets. La carte se révèle finalement assez simple mais, en gastronomie, la simplicité peut se révéler très fine et très soignée. Comprenez qu'une bonne sauce sur une bonne viande vaut tous les artifices. Une carte avec des plats spécialement dédiés aux plus petits saura convaincre les plus jeunes de se laisser porter par cette jolie vague d'amour culinaire.

Thionville ★

THIONVILLE À CLOCHE PIED

Place Anne Grommerch
✆ 03 82 53 33 18
groupes@thionville.net
Réservation auprès de Pays Thionvillois Tourisme. Adulte : 5 €. Enfant : 5 €. Groupe (15 personnes) : 90 €.

La seconde ville de Moselle ne se dévoile pas à n'importe quel prix. Ce que demande Élodie, la guide de cette promenade pas comme les autres ? De la bougeotte et de la jugeote. Thionville à cloche-pied, c'est une découverte en groupe ou en famille, où chacun va devoir y mettre du sien. Là, pour compter les blasons, là-bas, pour faire revivre une statue immobile, ici, pour embrasser un arbre. Cette visite de Thionville s'effectue en famille ou entre amis, et à chaque fois, l'expérience promet d'être détonante, colorée et poétique.

A voir - A faire

MUSÉE DE LA TOUR AUX PUCES ★

Cour du Château
✆ 03 82 82 25 52
www.tourauxpuces.com
musees@mairie-thionville.fr

Ouvert du mardi au dimanche de 14h à 18h. Fermeture à 17h les 24 et 31 décembre. Fermé les 25, 26 décembre et 1er janvier. Gratuit jusqu'à 26 ans (gratuit tous le 1er dimanche du mois). Adulte : 3,20 € (tarif réduit : 2,20 €). Exposition temporaire en accès libre. Animations. Visite guidée (contacter l'office de tourisme au 03 82 53 33 18).
Afin de profiter pleinement du musée de la Tour aux Puces de Thionville, il faut jeter un coup d'œil aux programmes. Car les expositions temporaires s'adressent assez souvent aux enfants. Ainsi, ces dernières années, le musée thionvillois a raconté les légendes des monstres, mis en valeur les anciens jeux vidéo ou encore disséminé des œufs de dinosaures dans tous ses recoins pour une insolite chasse aux œufs de Pâques. Sinon, cette tour peut proposer des événements plus spécialisés mais toujours liés à l'histoire locale. Ancien donjon du château que les comtes de Luxembourg édifièrent à Thionville, le musée de la Tour aux Puces abrite de manière permanente les collections archéologiques de la municipalité. Par contre, on ne sait encore pas pourquoi cette tour porte ce nom si étrange. Deux légendes s'affrontent : une princesse y aurait été dévorée par des puces ou alors, cette tour aurait été la dernière demeure des chiens de Charlemagne.

Se restaurer

■ LE CIRCUIT GOURMAND

✆ 06 65 55 44 32
lecircuitgourmand@hotmail.com
Horaires et emplacements du food truck variables. Consulter chaque semaine la page Facebook. Carte : 7 € environ. Menu enfant : 7 €. Formule : 10 € (burger et boisson).
Un burger ça se mérite. Autant dire qu'il ne se déguste pas dans le fast-food de la première zone commerciale du coin. Dans la région thionvilloise, le camion du Circuit Gourmand s'installe tantôt à Terville, tantôt à Stuckange, tantôt à Boulange ou tantôt ailleurs. Il convient de se renseigner sur la page Facebook du Food Truck pour connaître le lieu de la régalade familiale et locale. Car au comptoir du véhicule, les burgers sont confectionnés avec des produits du terroir lorrain. Mieux, vous trouverez sur la carte le patronyme des maraîchers, fermiers ou bouchers qui alimentent le resto ambulant. Différents burgers sont proposés et les plus gourmands opteront pour l'option « double-burger ». Les enfants sont choyés comme tout grâce à un menu spécial composé d'un steak-frites, d'un jus de pommes d'Alsace et d'un cookie fait maison.

© F. DONCOURT
Musée de la Tour aux Puces, Thionville.

LE P'TIT BISTRO D'ETHAN
28, rue de la Tour
✆ 03 82 53 94 97
www.leptitbistrodethan.com
Ouvert le mardi, le mercredi, le vendredi et le samedi de 12h à 12h45 et de 19h à 20h45 ; le jeudi de 19h à 20h45. Menu complet à 45 €. Carte : 30 € environ. Moitié prix la demi-portion pour les enfants.
Ethan ? C'est le marmot des proprios. Autant dire que dans ce restaurant du centre-ville de Thionville, on ne badine pas avec la famille. Les enfants sont ici reçus avec la même ambition que leurs parents. Hors de question donc de leur concocter un menu avec un steak haché grillé ou un quelconque poisson pané. Pour eux, les plats sont proposés en demi-portion et à moitié prix, histoire de leur mettre dans l'assiette la même chose que les grands. Une magnifique idée tant la carte du P'tit Bistro d'Ethan recèle de belles recettes pour éveiller les sens de tout le monde. La carte est revisitée tous les deux mois et, avec un aspect bistronomique, elle met clairement en avant les produits mosellans. Avec un peu de chance, vous tomberez sur une potée lorraine revisitée ou un plat qui met à l'honneur la fameuse mirabelle.

Emplettes

LES BOCAUX DE CAMILLE
Zone du Linkling
Rue des Auriges
✆ 03 82 56 90 54
www.lesbocauxdecamille.fr
chloe@lesbocauxdecamille.fr
Ouvert le lundi de 15h à 19h ; du mardi au vendredi de 10h à 19h ; le samedi de 10h à 18h.
Cette manière de faire les courses devrait ravir les enfants, souvent bien plus sensibilisés à l'écologie que leurs parents. Dans la zone du Linkling de Thionville, il convient de pousser la porte du magasin Les Bocaux de Camille avec ses propres contenants, histoire de ne pas gaspiller. Pour cause, les produits qui y sont vendus ne contiennent aucun emballage. Chacun se sert en café, en

Parc du haut-fourneau U4, Uckange.

confiture, en œufs, en démaquillant, en lessive… et remplit son contenant. Dans les rayons, il existe absolument tout le nécessaire, alimentaire ou non, pour des courses complètes. Évidemment, le poids du contenant ne compte pas au moment de régler la note finale.

Uckange

A voir – A faire

■ PARC DU HAUT FOURNEAU U4 ★

1, jardin des Traces
✆ 03 82 57 37 37
www.hf-u4.com
parc-u4@agglo-valdefensch.fr

Label Accueil Vélo. Fermé de novembre à mars. Haute saison : ouvert tous les jours. Du 1er avril au 14 juin et du 1er septembre au 1er novembre : mardi et vendredi : 10h-18h30 ; mercredi, jeudi, samedi et dimanche : 14h-8h30. Du 15 juin au 31 août mardi et vendredi : 10h-19h ; mercredi, jeudi et dimanche : 14h-19h ; samedi : 14h-0h. Gratuit jusqu'à 12 ans. Adulte : 3 €. Tarif réduit : 2 €. Visite audioguidée 2 € suppl. Animation estivale 4 €/enfant. Pass annuel 12 €. Visite guidée (consulter le site pour les horaires). Animations. Spectacles.

La silhouette de l'U4 met tout le monde au même niveau. Que l'on soit très jeune ou très vieux, on se sent forcément très petit face à cet immense vestige de l'ancienne puissance industrielle de la Vallée de la Fensch. Rien que pour son allure impressionnante et majestueuse, l'U4 vaut le détour. Il culmine tout de même à 82 mètres de haut. Forcément, il est vivement conseillé de s'équiper d'un audioguide afin de tout comprendre d'un site dont la dernière coulée de fonte remonte à plus de vingt ans. Mis en lumières quand la nuit pointe le bout de son nez, l'U4 accueille tout au long l'année différents spectacles et événements. Souvent à destination des familles, ces moments culturels prennent toujours une saveur particulière, au pied de ce témoin des vieilles années de l'épopée industrielle française. Par ailleurs, selon la programmation, il arrive que des visites très particulières soient organisées. Pour différents publics ou autour de thématiques parfois très insolites. N'oubliez pas de consulter le programme annuel.

Emplettes

■ LA CABANE À JUS

109, rue de Thionville
✆ 06 99 65 74 54
www.lacabaneajus.com
cabaneajus@gmail.com

Uniquement sur rendez-vous.

Un service insolite mais diablement utile pour les familles qui ne savent pas quoi faire de leurs pommes. Les kilos de pommes qui traînent sur la terrasse ou dans le garage ? Il convient de les apporter à la Cabane à Jus. Il s'agit d'un pressoir à pommes qui permet, après plusieurs opérations, aux clients de repartir avec le jus issu de leurs propres fruits. Dans cet atelier, il est également possible d'acheter du jus de fruit ou du cidre issus du verger du patron.

Veckring

A voir – A faire

■ GROS OUVRAGE MAGINOT DU HACKENBERG ★★

61 bis, grande rue
✆ 03 82 82 30 08

Voir page 15.

Amnéville

A voir - A faire

AQUARIUM D'AMNÉVILLE
La cité des Loisirs
✆ 03 87 70 36 61
www.aquarium-amneville.com
aquarium.amneville@fibramax.fr
Basse saison : ouvert le lundi, le mardi, le jeudi et le vendredi de 13h30 à 18h ; le mercredi, le samedi, le dimanche et les jours fériés de 10h à 18h. Haute saison : tous les jours et les jours fériés de 9h30 à 19h. Gratuit jusqu'à 3 ans. Adulte : 13,50 €. Enfant (de 3 à 11 ans) : 10,50 €. Restauration (distributeurs de boissons dans le jardin zen). Boutique.
À Amnéville, des milliers de poissons s'affichent dans un univers immersif et ludique. L'aquarium d'Amnéville propose de cheminer au sein d'un décor qu'on penserait sorti tout droit d'une bande dessinée. Seulement, l'expérience n'a rien de fictive. Les hippocampes, barracudas, piranhas, poissons clowns et tous les autres sont bien réels derrière les vitres de 65 enclos. Que ce soit par les vitres d'un sous-marin histoire de voir les requins ou dans une serre tropicale pour apercevoir des poissons asiatiques, l'aquarium d'Amnéville se plie aux exigences des plus jeunes. Ils apprennent, ils s'émerveillent et ils s'amusent. Différents sentiers ont été créés pour que les bambins s'approprient leurs sens et un quiz sur les poissons leur est proposé en fin de visite. Tout pour que chacun reparte comblé et… médusé !

PARC ZOOLOGIQUE D'AMNÉVILLE
La cité des Loisirs
1, rue du Tigre
✆ 03 87 70 25 60
www.zoo-amneville.com
secretariat@zoo-amnveille.com
Ouvert toute l'année. Haute saison : du lundi au dimanche de 9h30 à 19h30. Ouvert de 10h à la tombée de la nuit d'octobre à mars. Visite complète quel que soit le temps. Gratuit jusqu'à 3 ans. Adulte : 33,00 €. Enfant (de 3 à 11 ans) : 28,00 €. Tarifs réduits à partir de groupe de 20 personnes, CE, Amicales, etc. Chèque Vacances. Restauration. Boutique. Animations. Aire de pique-nique.
Devenu une destination incontournable des amoureux de la nature et des animaux, le parc zoologique d'Amnéville vous invite à partager un moment unique, à la découverte de nos nombreuses espèces animales. Proposant l'une des plus grandes biodiversités de France, il est un lieu privilégié pour transmettre et sensibiliser aux enjeux de la préservation des animaux. Vivez plus qu'une visite et partagez avec nos soigneurs et notre personnel tous passionnés, un instant de sensibilisation pédagogique à l'observation de notre planète.
Notre lien avec les différentes formes de vie est essentiel pour comprendre les choses qui nous sont vitales et c'est

© AQUARIUM AMNÉVILLE

Le jardin Zen, Aquarium – Amnéville.

sur ce principe que le parc zoologique d'Amnéville vous en ouvre ses mystères avec passion et émotion.

Se restaurer

■ RESTAURANT LA FORÊT

La cité des Loisirs
1, rue de la Source
✆ 03 87 70 34 34
www.restaurant-laforet.com
resto.laforet@wanadoo.fr
Ouvert du mercredi au samedi le midi et le soir ; le dimanche midi. Réservation recommandée. Menus de 28 € à 48 €. Carte : 26 € environ. Formule du midi : 28 € (ou 36 €). Vin au verre. Terrasse. Vente à emporter.

Ce restaurant est un *must* incontournable. C'est la famille Stalter qui dirige cet établissement. Ce dernier traverse les décennies et accueille plusieurs générations de leur clientèle. Le service en salle se joue comme une partition musicale sans fausse note, dirigée par la valse de plats préparés avec maîtrise et passion. À chaque saison ses menus, et des suggestions alléchantes enrichissent la carte. Vous pourrez ainsi vous délecter d'une cuisine gastronomique variée, s'inspirant des spécialités du terroir français. Le sourire et la sympathie sont toujours de mise, et c'est un plaisir ! En gros, la salle et la cuisine s'adaptent à tous les âges et à tous les goûts.

Sports / loisirs / activités

FRANCE AVENTURES

La cité des Loisirs
✆ 03 87 73 45 60
www.france-aventures.com
amneville@france-aventures.com

Basse saison : ouvert le mercredi, le samedi, le dimanche et les jours fériés de 13h à 19h. Haute saison : tous les jours de 10h à 20h. Ces horaires varient selon les périodes de l'année. Consulter le site Internet. Gratuit pour les accompagnateurs au sol. Chèque Vacances.

Sauter sur des plots entre les racines, tutoyer les nuages grâce à une échelle semi-naturelle puis passer d'arbre en arbre grâce à une tyrolienne décoiffante ou un filet plus ou moins stable. À Amnéville, le complexe France Aventure propose une douzaine de parcours et les plus faciles sont accessibles dès l'âge de 4 ans. Les plus petits testeront leur équilibre et leur dextérité sur des modules d'initiation alors que les plus courageux défieront leurs limites sur les parcours rouges ou noirs. Attention, les parcours noirs se révèlent réservés aux sportifs. D'ailleurs, le parcours le plus extrême n'est autorisé qu'à partir de 14 ans. France Aventure ne se limite pas qu'aux acrobaties dans les arbres. Il est également possible de s'adonner à l'Archery Tag, un mélange de balle au prisonnier et de paintball avec un arc, ou encore de s'affronter dans le laser game en pleine nature ou de s'envoler en l'air grâce au maxi-bungee, un saut à l'élastique inversé.

© C. COURTOIS

Parcours dans les arbres, France Aventures – Amnéville.

PATINOIRE OLYMPIQUE

La cité des Loisirs
✆ 03 87 71 11 26
www.visitamneville.com

Ouvert toute l'année. Basse saison : le mercredi de 14h30 à 17h45 ; le jeudi de 14h à 16h ; le vendredi de 14h à 16h et de 20h30 à 22h ; le samedi de 9h45 à 11h45 et de 14h30 à 23h30 ; le dimanche de 9h30 à 11h30 et de 14h30 à 17h30. Haute saison : tous les jours de 14h à 18h ; le samedi de 20h30 à 23h30. Entrée : 5 € (et 7 € avec la location de patins). Enfant : 4 €. Gratuit pour les enfants de – de 3 ans ; tarif réduit : 4 €. Restauration. Location de matériel.

Une quarantaine d'années de glisse dans le centre touristique d'Amnéville, et pas une fissure ! Vous n'avez pas forcément d'assurance au début mais après quelques glisses, nul doute que vous attraperez les bons mouvements. D'une superficie de 1 800 m^2, la patinoire devient un espace de loisirs qui se transforme, au son des derniers hits, en boîte de nuit. Des soirées à thème sont également organisées (Halloween...). Et c'est aussi une école de patinage artistique et de hockey liée au MAHC (Moselle Amnéville Hockey Club), l'une des meilleures équipes de la région. La patinoire accueille aussi des spectacles de patinage artistique. A noter : les horaires changent en fonction des périodes !

PISCINE OLYMPIQUE

La cité des Loisirs
Rue du Tigre
✆ 03 87 71 11 26

Ouvert toute l'année. Le mardi de 12h à 18h et de 20h à 22h ; le mercredi et le jeudi de 12h à 18h ; le vendredi de 12h à 19h et de 20h à 22h ; le samedi de 9h à 20h ; le dimanche de 9h à 18h. Les horaires changent pendant les vacances scolaires. Entrée : 4 €. Abonnement : 40 € (12 entrées adultes). Enfant : 3 €. Tarif réduit : 3 €. Gratuit pour les enfants de – de 3 ans. Restauration. Activités Aquasportives.

Cette piscine olympique est célèbre grâce à ses deux toboggans aquatiques qui font la joie de plusieurs générations d'enfants depuis 1974 et de ses 3 bassins. Avec son eau à 27° toute l'année, elle répond à toutes les normes d'un espace aquatique de très grande qualité. Pour ceux qui aiment profiter du soleil, une plage extérieure est déployée lors des jours de grande chaleur. Petits et grands peuvent également bénéficier de leçons individuelles et pratiquer l'aquagym. L'accès est refusé aux enfants âgés de moins de 10 ans non accompagnés d'un adulte. Le bonnet de bain est obligatoire. À noter : les horaires varient en fonction des périodes, renseignez-vous avant d'aller nager !

SNOWHALL

La cité des Loisirs
✆ 03 87 15 15 15
www.snowhall-amneville.fr
contact@snowhall-amneville.fr

Ouvert toute l'année. Du mardi au jeudi de 10h à 12h et de 14h à 18h ; le vendredi de 10h à 12h et de 14h à 21h ; le samedi de 10h à 21h ; le dimanche et les jours fériés de 10h à 18h. Fermé le lundi. Vérifier les horaires sur le site, différentes périodes. Pour 2h d'accès à la piste (hors location de matériel) : adulte à partir de 21€, enfant de 4 à 8 ans à partir de 12,60 €, enfants de 9 à 17 ans et étudiants, à partir de 16,80 €.

La plus longue piste de ski indoor du monde se situe à Amnéville. Vous pourrez donc effectuer des milliers de tours du monde, vous ne trouverez pas plus étendu que ces 620 mètres de poudre blanche couverte. Évidemment, ce grand terrain de jeu offre des opportunités variées de s'éclater dans la neige. En ski d'abord. Le snowhall propose d'équiper et d'habiller toute la famille de la tête aux pieds avant de lancer tout le monde sur, au choix, la grande piste de 90 mètres de dénivelé, le snowpark pour profiter des bosses ou un espace réservé aux débutants. Il est d'ailleurs envisageable de prendre des leçons de ski sur place. Les tout-petits, pas encore à l'aise sur des planches, peuvent s'amuser sur une piste de luge alors que quelques têtes brûlées choisissent de s'allonger sur d'étranges bouées afin de dévaler, à fond, la grande piste. Enfin, après une belle journée de ski à Amnéville, il est vivement conseillé de profiter, en famille, d'un moment gourmand au restaurant du Snowhall.

© SNOWHALL

Ski indoor, Snowhall – Amnéville.

THERMAPOLIS

La cité des Loisirs
Avenue de l'Europe
✆ 03 87 70 99 43
www.thermapolis.com
contact@polethermal.com

Ouvert du lundi au mercredi de 10h à 22h ; le jeudi de 9h à 22h ; le vendredi et le samedi de 10h à 0h ; le dimanche de 9h à 20h. Fermeture le 24 et 25 décembre et le 1er janvier. Ouvert le 31 décembre de 9h à 16h. Entrée : 15,50 € (forfait 2h). Abonnement : 68 € (10h en solo). Forfait 3h : 20 €. Forfait Thermabike (10 séances 160 €) Thermagym (10 séances 125 €) et Cryothérapie (5 séances 175 €).

Ils sont rares, les centres thermaux français, à accueillir les enfants. C'est le cas du Thermapolis d'Amnéville. À partir de l'âge de 4 ans, il est donc possible de profiter des vertus de l'eau thermale mosellane. Attention, il ne s'agit clairement pas d'une piscine classique ou un parc aquatique. À Thermapolis, on se détend, on se relaxe, et on oublie le tumulte du quotidien. Pas question de penser au boulot pour les parents ou au devoir de mathématiques pour le collégien. Le must de Thermapolis, c'est sa rivière thermale dans laquelle il est possible de se laisser porter par les flots ou, au contraire, de chercher à marcher à contre-courant. Sinon, le site thermal propose un tas d'opportunités de détente. Les grands jets d'eau qui tombent sur le dos, les bains bouillonnants, les buses de massage, les bains chauds ou froids, le hammam, le sauna… Il existe mille façons de se détendre à Thermapolis et même les plus jeunes y ont accès.

LA VILLA POMPÉI

La cité des Loisirs
Avenue de l'Europe
✆ 03 87 70 99 43
www.villapompei.com
contact_villapompei@polethermal.com

Ouvert du lundi au jeudi de 10h à 22h ; le vendredi de 10h à 0h ; le samedi de 9h à 0h ; le dimanche de 9h à 20h. Ouvert toute l'année à l'exception des 25 décembre et

1er janvier et du mois de juin (fermeture technique anuelle). Ouvert le 24 et le 31 décembre de 10h à 16h. Entrée : 25,90 € (forfait 2h). Forfait 1h du lundi au vendredi de 11h30 à 13h30 : 14,90 €. Forfait 3h : 33,50 €. Tarifs pour les + de 60 ans et les étudiants. Soins à partir de 27 €. Chèques non acceptés. Boutique.

Comme il est doux de prendre soin de son corps après des journées harassantes. Dans ce magnifique centre thermal, détente, sérénité et paix sont les maîtres mots, l'accès est donc interdit au moins de 18 ans (munissez-vous de votre carte d'identité). Vous pourrez vous prélasser dans un bain chaud, à remous, vous allonger sur les marbres chauds, vous dynamiser dans un bain froid à 20 °C, vous détoxifier dans les traditionnels sauna, sanatorium et hammam. Les bassins à l'extérieur avec une eau à 36 °C vous permettront de profiter des bienfaits des geysers et autres jets d'eau axés sur différentes parties du corps. Envie d'un soin pour prolonger le bien-être ? Tentez le massage kin, amérindien ou ayurvédique. Retrouvez l'éclat avec le gommage oriental ou le visage sublimateur. Reboostez votre corps avec le cocon jambes légères ou cocon 1 000 vertus. Sachez qu'une entrée est obligatoire avec un soin, le temps du soin est bien entendu rajouté au forfait. Le professionnalisme du personnel vous accompagnera dans ce bel instant de lâcher prise. A vous le bien-être, vous le méritez !

S'amuser - Sortir

GAUMONT MULTIPLEXE

La cité des Loisirs
Rue de l'Europe
✆ 03 87 72 38 38

Ouvert toute l'année. Entrée : 12,20 €. 7,10 € samedi et dimanche avant midi. Cinépass 5 places : 36,50 €. Enfant : 4,50 €. Tarifs séniors et étudiants. Restauration.

À Amnéville, on profite des grands espaces. Non loin du Galaxie se trouve cet immense complexe à la vision futuriste (12 salles climatisées, écrans géants, son numérique, 2 546 places). Confort garanti, grâce au 1,20 mètre entre les rangées, et sur demande, on peut avoir des rehausseurs de siège pour les plus petits. Pour les gourmands, des confiseries sont en vente. Les films sont de tous les genres : majoritairement des productions françaises ou *blockbusters* américains et beaucoup d'avant-premières ! Toutes les salles sont accessibles aux personnes à mobilité réduite, et il y a deux salles dotées d'un système audio Accourex pour les malentendants. De nombreuses offres avantageuses vous sont aussi proposées, visiter le site du cinéma ou rapprochez-vous de l'office de tourisme. À noter : réservation du billet possible en ligne. Plus de renseignements auprès de l'accueil ou sur le site Internet.

LE PADDOCK

La cité des Loisirs
Rue de l'Europe
✆ 03 87 70 10 80
www.lepaddockamneville.com
contact@lepaddock-amneville.com

Ouvert du lundi au mercredi de 17h à 23h ; le jeudi de 17h à 0h ; le vendredi de 17h à 2h ; le samedi de 14h à 2h ; le dimanche de 15h à 22h. Simulateurs à partir de 10 € pour une session de 7 min. Escape game 25 €/pers pour un groupe de 4 (tarif dégressif). Bar lounge, escape game, simulateurs.

Vous faites plus d'1,40 m ? Installez-vous dans le baquet, garez-vous sur la ligne de départ de l'un des circuits de course les plus célèbres de la planète et appuyez sur l'accélérateur jusqu'à atteindre 300 km/h. Frôle-t-on l'inconscience au complexe le Paddock situé sur le site d'Amnéville ? Pas vraiment puisque l'expérience proposée passe par un simulateur. Pas besoin d'un permis de conduire mais quelques notions de pilotage vous aideront grandement à dompter les exigeants circuits contenus dans les simulateurs. Formule 1 ou rallye, courses contre le temps ou en famille, le Paddock permet un tas de possibilités et il offre des sensations de conduite hors du commun. Le harnais, les vitesses au volant, le bruit, les mouvements du simulateur... donnent à l'expérience un côté complètement immersif.

Ancy-Dornot

A voir – A faire

CROIX SAINT-CLÉMENT

Ouvert toute l'année.

À proximité de la forêt, un lieu célèbre et riche d'histoire dans le pays Messin. Dans une jolie clairière située au cœur de la forêt entre Gorze et Ancy se dresse la croix de Saint-Clément. Érigée au début du XIXe siècle par la commune d'Ancy, elle est le témoin de l'endroit d'où le saint homme, premier évêque de Metz, aperçut pour la première fois la ville, alors jadis appelée de ce nom romain, *Divodurum*. Pour la petite histoire, on peut encore distinguer de nos jours, au pied de la croix, la trace de l'empreinte de son genou ! Aujourd'hui, depuis cette croix, on observe la préfecture de la Moselle à l'horizon... Avis aux amateurs de nature, petits et grands seront ravis de découvrir les nombreuses balades et chemins des alentours !

Se restaurer

AUBERGE DU LION D'OR

32, rue Raymond-Mondon
✆ 03 87 30 93 83
jotz.daniel@orange.fr
Ouvert du mardi au jeudi de 12h à 14h ; le vendredi et le samedi de 19h à 22h. Carte : 11 € environ. Plat du jour : 9 €.

Pas de manières, on entre ici dans un resto de village. Comprenez qu'on y mange divinement bien et que les assiettes sont clairement bien remplies. Soupe aux pois, potée lorraine, blanquette de veau, bœuf bourguignon, omelette au lard et ses pommes de terre rôties, tête de veau... Les plats proposés par le chef sentent bon la popote d'une vraie maison lorraine. Les prix se révèlent en plus assez bas face à la générosité des portions et, à l'heure de déjeuner, le plat du jour fait généralement l'unanimité. Assurément un bon plan pour les urbains qui voudraient goûter la campagne ou pour les habitants des environs qui cherchent un endroit pour passer un bon moment. Pour les petites têtes blondes, aucun menu spécial n'est proposé mais l'argument de la direction est sans appel : hors de question de leur proposer les produits sans saveur des grosses enseignes. Ici, au cœur de ce village mosellan, on adapte les portions aux gourmets les plus jeunes et, bien souvent, ils en redemandent.

Ay-sur-Moselle

L'AYOTTE – MAGASIN PAYSAN

1, rue Jean Auguste Schleiter
✆ 03 87 58 29 33

Ouvert du mercredi au vendredi de 10h à 18h30 ; le samedi de 9h à 12h30.

Le principe de ces magasins paysans commence à faire son chemin au détour des villes et des campagnes. Quel est-il ? Les producteurs se regroupent dans un même endroit afin de vendre leurs produits en respectant la règle du circuit court. Évidemment, y emmener son marmot pour lui faire comprendre d'où viennent les victuailles qu'il trouve dans son assiette peut faire office de joli geste pédagogique. À Ay-sur-Moselle donc, L'Ayotte permet au mieux d'acheter ses produits préférés à celles et ceux qui les produisent.

Fey

Sports / loisirs / activités

POKEYLAND ★

La Haie Focart

✆ 03 87 21 89 20

www.pokeyland.com

contact@pokeyland.fr

Fermé du 1er novembre au 30 avril. Paintball ouvert sur réservation les week-end de novembre et de décembre. Haute saison : ouvert tous les jours. Horaires variables selon le mois. Consulter le site internet. Entrée : 25 € (+ 12 ans). Abonnement : 90 € (pass à l'année pour les 12 et + / 70€ pour les enfants). Enfant : 20 €. Gratuit – de 3 ans, + de 65 ans et personnes à mobilité réduite. Pack family : 2 adultes + 2 enfants 85 €. Formule anniversaire 22 €/pers. Restauration.

C'est ce qu'on appelle avoir l'embarras du choix. Escalade, quads, Segway, balades en poney, tir à l'arc, parc pour les tout-petits... Le complexe Pokeyland, situé en plein cœur d'une forêt de soixante hectares aux abords du village de Fey, est une sorte d'endroit anti-ennui. Impossible de trouver le temps long dans ce parc d'activités dédié aux familles. Dès 3 ans, il est envisageable de grimper dans les arbres histoire de débuter un parcours acrobatique fun et sécurisé. Puis, plus les enfants grandissent, plus ils réclament des sensations fortes. Place donc au Big Air Jump (un saut dans le vide) ou à l'Ejector. Et puis, dans le but de s'éclater à plusieurs, l'immense terrain de paintball offrira tous les scenarios possibles à vos plus belles batailles. Plusieurs décors ont été aménagés et on se retrouve à se tirer des boules de peinture dans des terrains de jeu infestés de zombies, de cannibales ou de soldats. Des nocturnes avec de nombreuses animations sont également organisées à Pokeyland tout au long de l'année.

Aventure à Pokeyland, Fey.

Gravelotte

MUSÉE DE LA GUERRE DE 1870 ET DE L'ANNEXION

11 rue de Metz
✆ 03 87 33 69 40
www.passionmoselle.fr
contact-musee-guerre-1870@moselle.fr

Ouvert de mi-février à mi-décembre : du mardi au dimanche de 10h à 13h et de 14h à 18h. Fermé les lundis et le 1er mai. Plein tarif : 7 €, tarif réduit : 5 €, gratuit pour les moins de 16 ans, gratuit pour tous le 1er dimanche de chaque mois. Boutique. Librairie. Animations.

Lieu unique en Europe présentant la guerre franco-prussienne de 1870 et l'annexion de l'Alsace-Moselle jusqu'en 1918, le musée raconte cette part de l'histoire européenne qui a fait basculer le monde dans les conflits du XXe siècle. Grâce aux collections composées d'armes, d'uniformes, d'oeuvres d'art et documents d'époque, découvrez la vie quotidienne d'hommes et de femmes pris, tour à tour, dans la tourmente des combats, puis dans la quête de nouvelles identités. Depuis 2017, les nouvelles technologies permettent aux visiteurs une immersion totale dans ces conflits. Avec une tablette, suivez les pas de Lucien, jeune homme qui raconte son vécu pendant la guerre de 1870. Une salle immersive vous plonge également au coeur de la bataille de Gravelotte - Saint-Privat : suivez l'histoire d'un jeune soldat prussien capturé par les troupes françaises. Et enfin la réalité virtuelle vous permettra d'appréhender les grandes étapes de la guerre franco-prussienne, de ses origines jusqu'à la paix. Revivez les principaux événements de la guerre avec Louis, des champs de bataille à l'armistice, dans un environnement immersif où les scènes s'animent sous vos yeux à 360°. Enfin chaque année, un week-end en août commémore la bataille de Gravelotte grâce à des troupes de reconstitutions historiques.

Hagondange ★

A voir – A faire

ASCOMEMO – ASSOCIATION POUR LA CONSERVATION DE LA MÉMOIRE EN MOSELLE EN 1939-1945

7, rue du Docteur-Viville
✆ 03 87 72 08 65
http://ascomemo.chez.com
ascomemo@wanadoo.fr

Ouvert le mercredi de 9h à 12h. Jeudis (hors vacacnces scolaires) 17h à 19h. tous les 1ers dimanches du mois de 14h à 18h, et sur RV tous les autres jours pour les groupes. 2 h de visite. Gratuit. Visite guidée.

Voilà un espace qui répond aux exigences de tous les férus d'histoire. La visite de ce lieu aménagé par l'Association pour la Conservation de la Mémoire de la Moselle permet de se confronter à l'histoire de la Seconde Guerre mondiale. Et c'est dire si, en Moselle, cette histoire est particulière avec l'évacuation, l'annexion ou encore l'incorporation de force. À travers tous les documents, récits et objets de l'époque, les bénévoles de l'association se chargeront de rendre la visite accessible à tous, y compris aux enfants. En effet, la profusion de document peut effrayer mais cette histoire, si elle est bien racontée, peut forcément captiver tous les publics.

© DPT57 - FLORENT DONCOURT

Musée de la Guerre de 1870 et de l'Annexion, Gravelotte.

Se restaurer

QUAI DES SAVEURS

69, rue de la Gare
✆ 03 87 71 24 98
www.quaidessaveurs.com
info@quaidessaveurs.com

Maître Restaurateur. Ouvert le mardi de 19h à 21h15 ; du mercredi au samedi de 12h à 13h15 et de 19h à 21h15 ; le dimanche de 12h à 13h15. Réservation recommandée. Menus de 65 € à 125 €. Carte : 50 € environ. Formule du midi : 40 € (2 services / 45 € : 3 services). Vin au verre. American Express. Terrasse.

Le Quai des Saveurs, doté d'une étoile, est une invitation au voyage gustatif... Frédéric Sandrini, le chef créateur, vous emmène dans son univers intuitif et signé. Le premier surprend les sybarites, de la mise en bouche jusqu'au dessert et le deuxième est scellé sur la carte... Ici, rien n'est laissé au hasard, les producteurs sont sélectionnés avec le plus grand soin, le circuit court est privilégié et la saisonnalité respectée. Entre plaisir d'essence et fulgurance, chaque bouchée est une exploration. Les aliments sont revisités, travaillés avec délicatesse, savoureux et tendres, le choix des condiments juste. La carte des vins recèle de petites pépites qui accompagnent à la perfection les mets raffinés. Secondé par une équipe de qualité, de la cuisine au service, Frédéric Sandrini a raison de suivre son étoile ! Forcément, pour les plus jeunes, il est nécessaire d'être sensible à la très bonne gastronomie pour y trouver son compte.

Sports / loisirs / activités

ESPACE BALLASTIÈRE

Rue de Boussange

Ouvert toute l'année. Tous les jours et les jours fériés. Un poumon vert très agréable : Pour plus d'informations, joindre l'office de tourisme d'Hagondange au 03 87 70 35 27.

La Ballastière, c'est une zone de loisirs basée dans un écrin de verdure, située proche de la gare d'Hagondange. L'espace se compose d'un étang artificiel aux rives arborées et fleuries, entouré par de nombreux sentiers botaniques, une aire de jeux, des espaces de pique-nique, un parcours de santé, ainsi qu'une base nautique et un terrain de tennis. La Ballastière est très prisée par les pêcheurs, les joggeurs ainsi que les familles venues s'offrir un moment de détente et de rigolade. D'autre part, chaque été, le site accueille une plage de sable fin de 672 m², équipée de transats et parasols (accès payant sous abonnement mensuel). La Ballastière devient ainsi un lieu dédié à la baignade en milieu naturel, idéal pour agrémenter des week-ends ou des vacances en été. A noter que la baignade est surveillée durant cette période et accessible de 10h à 18h30. Un bon endroit pour se rafraîchir et passer un bon moment de détente si vous êtes dans le coin ! De plus, on peut y croiser des artistes qui viennent enchanter les visiteurs.

Jouy-aux-Arches

AQUEDUC ROMAIN

Grande Rue

Visite libre.

Une expérience dont le résultat ne provoque guère de suspense. Avec des enfants dans une voiture, traversez le village de Jouy-aux-Arches. Il est presque certain que vos chères petites têtes blondes vont s'interroger sur cet

Visite des Jardins Fruitiers de Laquenexy.

immense pont qui transperce le cœur de ce bourg. Le mieux pour répondre reste d'aller voir sur place. A Jouy-aux-Arches, on peut observer la partie la mieux conservée d'un grand aqueduc qui, à l'époque romaine, partait de Gorze pour arriver à Metz dans le but d'alimenter les thermes et fontaines en eau. La conduite d'eau qui passait au sommet de l'aqueduc s'écoulait sur une pente descendante qui, à certains endroits, n'excédait pas un millimètre par mètre. Cet immense édifice, qui ne manquera pas d'attiser la curiosité de tout le monde, daterait du IIe siècle après Jésus-Christ.

Laquenexy

A voir – A faire

■ JARDINS FRUITIERS DE LAQUENEXY
4 rue Bourger-et-Perrin
✆ 03 87 35 01 00
www.jardinsfruitiersdelaquenexy.com
jardins-fruitiers@moselle.fr
Ouvert de fin mars à début novembre. Du mercredi au vendredi de 10h à 18h, le samedi et le dimanche de 10h à 19h. Fermé les lundis (sauf lundi de Pâques et de Pentecôte), les mardis et le 1er mai. Ventes d'arbres fruitiers et de fruits de mi-novembre à mi-décembre et de janvier à mi-mars. Plein tarif : 5 €, tarif réduit : 3,50 €, gratuit pour les moins de 16 ans. Le site est accessible aux personnes à mobilité réduite. Certaines parties peuvent être plus difficiles d'accès surtout après une période pluvieuse. Un fauteuil roulant adapté est mis à disposition à l'accueil. Restauration. Boutiques. Jardinerie. Librairie. Animations.

Envie d'évasion, de nature, de découvertes et de quiétude ? Situés à 10 minutes de Metz, les Jardins Fruitiers de Laquenexy vous invitent à découvrir une vingtaine de jardins pour mettre vos sens en éveil. Toucher, humer, écouter, avec le Jardin des sens. Au cœur du Potager du curieux, redécouvrez des plantes potagères oubliées en provenance de tous les continents. Poursuivez votre périple le long de l'Allée des noisetiers, puis du Jardin des Premières Nations du Québec, et dans le seul jardin maori créé en dehors de la Nouvelle-Zélande. Vous êtes ailleurs… Le Jardin des fleurs à croquer et celui des petits fruits vous invitent à grappiller d'autres saveurs. En 2020, les Jardins Fruitiers ont inauguré un nouvel espace « Graine de jardinier ». La pratique du jardinage a considérablement évolué durant ces dernières décennies. Elle intègre désormais des préoccupations sociales et environnementales propres à la plupart des consommateurs et, par extension, aux jardiniers professionnels et amateurs. Un nouveau jardin, parfaitement conçu pour répondre à de nouvelles exigences tant sur les pratiques, les matériaux et l'outillage, le respect de la planète et de la nature, la connexion aux nouvelles technologies et la recherche d'efficacité.

Longeville-lès-Metz

■ L'ÉPICERIE DE L'INSTANT
87, boulevard Saint-Symphorien
✆ 06 16 32 42 92
www.lepiceriedelinstant.fr
lepiceriedelinstant@gmail.com
Ouvert du mardi au vendredi de 9h30 à 12h30 et de 14h30 à 19h ; le samedi de 9h30 à 19h ; le dimanche de 10h à 12h30. Sélection 100% française.

Vous aurez plaisir à trouver ici une sélection pointue réalisée par Élise Marion, la créatrice de cet espace.C'est la première épicerie du Grand Est à ne proposer que des produits 100 % français. La viande est conditionnée sous vide et signée Polmard, l'éleveur boucher de Meuse. Chaque producteur sait que, dans ce lieu, ses produits seront valorisés. Quelques vins – les blancs vous seront servis au frais –, des terrines, des huiles et des fromages forment entre autres ce qui pourrait composer vos paniers-cadeaux, sans oublier plus de 100 variétés de thés de la Fabrique à thé.

Lorry-Mardigny

AUBERGE DU GRAND PRÉ

Ferme du Grand Pré
Lieu dit En Grand Pré
✆ 06 71 88 15 14
www.lafermedugrandpre.fr
Ouvert du jeudi au samedi de 12h à 14h et de 19h30 à 0h. Moitié prix pour les moins de 10 ans.

Une sorte de guinguette en bois accolée à une grande ferme. Qu'y mange-t-on ? Les produits de la ferme bien évidemment. La ferme du Grand Pré élève des volailles certifiées sans OGM et, depuis 2019, elle les cuisine dans un restaurant accueillant comme tout. Imaginez-vous un instant déguster les produits de la ferme ou des exploitations voisines en train d'écouter de la musique en live ! Car oui, il arrive que l'Auberge du Grand Pré accueille des groupes ou des chanteurs. Il faut dire que le cadre se prête idéalement à des repas enchantés. Pas de menu spécifique pour les enfants mais des plats proposés à moitié prix aux moins de 10 ans. Eux aussi ont le droit de goûter à des produits qui ne peuvent être plus locaux.

Maizières-lès-Metz

A voir – A faire

WALYGATOR

Parc d'attractions
Voie Romaine
✆ 03 87 30 70 07
www.walygatorparc.com
contact@walygatorparc.fr
Basse saison : ouvert le week-end de 10h30 à 17h30. Haute saison : tous les jours de 10h30 à 18h30. Ouverture et horaires variables selon la période de l'année. Consulter le site Internet. Gratuit jusqu'à 4 ans. Adulte : 25 €. Enfant (de 3 à 10 ans) : 21,50 €. Pass annuel 97 €. Accueil enfants. Restauration. Boutique. Gare TER à 200 m.

Ce parc a plusieurs fois changé de noms et de thématiques depuis son ouverture en 1989. Mais, en plus de trois décennies, il n'a jamais cessé d'être une des destinations préférées des enfants et des adolescents en Moselle. Il suffit de quelques pas à l'intérieur pour en comprendre les raisons. Chaque parcelle de ce grand parc comporte des attractions détonantes et les opportunités de s'éclater se comptent par dizaines pour chaque catégorie d'âge. Dès 12 mois, il est ainsi possible de cheminer dans le Baby Parc puis, une fois les 80 centimètres passés, place à l'aventure. Dans un petit bateau, un sous-marin jaune ou une montgolfière. Différents manèges proposent de nombreux moments d'évasion aux plus petits. Ensuite, en famille, difficile d'échapper aux fameuses bûches de la Rivière Sauvage ou aux embarcations du Dino-Raft. Éclaboussures assurées ! Enfin, le Parc Walygator comporte son lot de manèges à sensations fortes. L'Anaconda et ses accélérations à

Attraction The Monster au parc Walygator, Maizières-les-Metz.

90 km/h, le G-Lock qui propose, la tête en bas, de vivre les sensations d'un astronaute, le Monster avec ses loopings ou encore le Space Shoot qui propulse ses passagers à 55 mètres de hauteur en moins de trois secondes.

■ MAISON BIANCHI

68, route de Metz
✆ 03 87 80 37 42
www.maison-bianchi.fr
bianchi-alexandre@hotmail.com
Ouvert du mercredi au samedi de 10h à 12h et de 14h à 18h. Visites le jeudi et samedi matin à 10h30 sur réservation. 12 € par personne.
Cette fois, la concentration est de rigueur. En participant à un atelier d'horlogerie ou de joaillerie au sein de la prestigieuse maison Bianchi, chacun sera amené à découvrir un art minutieux et majestueux. Celui de la création d'un bijou ou d'une montre. Située à Maizières-lès-Metz depuis 1978, la maison Bianchi dévoile son savoir-faire grâce à des visites qui peuvent s'effectuer sur réservation. L'immersion au sein des différents ateliers fascinera à coup sûr les plus jeunes par la précision que demande le travail des joailliers et des horlogers. Et surtout, chacun peut apprendre à réaliser sa propre pièce d'horlogerie. Captivant.

Marieulles

Se restaurer

■ AUBERGE DE VEZON

58, rue des Vignerons
Vezon
✆ 03 87 69 91 98
www.auberge-de-vezon.fr
auberge.vezon@orange.fr
Ouvert le lundi et du jeudi au samedi le midi de 12h à 14h et de 19h à 21h30 ; le mardi et le dimanche de 12h à 14h. Menu unique à 32 €. Carte : 20 € environ. Menu enfant : 10 € (plat ados 15 €). (entrée+plat+dessert). Chèque Vacances, Chèque Restaurant. Accueil des groupes (privatisation possible). Terrasse. Espace enfants.

Tenu par la famille Germain, ce petit coin de gastronomie s'est fait un nom reconnu sur l'agglomération de Metz. L'hiver, les clients se sentent chouchoutés à côté d'une belle cheminée et l'été ils profitent d'une terrasse agréable et spacieuse. En cuisine, Bernard, maître restaurateur, mitonne de bons plats traditionnels. Il travaille des produits frais et de terroir pour mettre en avant les spécialités régionales. Une véritable maîtrise qui ravit petits et grands d'autant que les menus sont aménagés pour tout le monde. Il existe en effet des propositions pour les plus petits mais aussi pour les adolescents. Venez découvrir ou redécouvrir en famille des saveurs intemporelles dans un lieu où l'on redonne ses lettres de noblesse à des produits trop souvent délaissés.

Distillerie de Mélanie – Marieulles.

Emplettes

DISTILLERIE DE MÉLANIE

2, rue des Vignerons
✆ 03 87 52 80 72
www.distilleriemaucourt.fr
contact@distilleriedemelanie.fr

Ouvert tous les jours sur rdv. Visite guidée sur réservation. Livraison possible (boutique en ligne). Mignonette 2,60 € ; bouteille d'eau-de-vie à partir de 16 € ; jus de pomme maison 2,70 €. Un point de vente au marché couvert de Metz également.

De l'eau-de-vie oui, mais des jus de fruits aussi ! En reprenant 12 hectares d'un verger mosellan, Mélanie a décidé de titiller les papilles des plus grands et des plus petits avec des boissons riches en fruits locaux. La mirabelle est forcément mise à l'honneur et on peut même affirmer qu'elle est magnifiée grâce à trois types d'eaux-de-vie. Aussi, Mélanie épate ses convives grâce à un jus de pomme et à quelques nectars savoureux. Histoire de tout connaître de la fabrication de ces breuvages, des visites de la distillerie et des vergers sont possibles sur rendez-vous.

Metz ★★★★

LA FLOTILLE

1, quai des Régates
✆ 03 87 36 86 71
bateauxmetz.com
laflottille@live.fr

Ouvert par beau temps uniquement. Location bateau électrique : à partir de 24 € pour trois personnes (30 minutes). Barque : à partir de 9 € pour deux personnes (30 minutes) et pédal'eau : à partir de 10 € pour deux personnes.

Quel Messin ne s'est jamais prélassé aux

abords du plan d'eau ? Pour profiter des festivités de Metz Plage, se faire une partie de football, rêvasser lors d'une promenade ou tout simplement se poser entre amis pour un pique-nique. On en oublierait presque le côté aquatique du lieu alors que, amarrées aux différents pontons du quai des Régates, des embarcations n'attendent que leurs passagers. Des bateaux à pédales ou des barques pour un petit tour à la force des jambes ou des bras mais aussi des bateaux à moteur. Silencieux et écologiques, ces embarcations se pilotent sans permis et elles permettent un autre regard sur les merveilles de Metz. La tranquillité du Port Saint-Marcel, le quartier des Roches, les alentours du stade Saint-Symphorien... Il existe mille façons de visiter Metz et quelques-unes d'entre elles se vivent sur les flots et en famille.

LA COMPAGNIE DES BATEAUX DE METZ

Quai Paul Vautrin
✆ 06 45 95 98 10
http://bateaux-gd-vacances.com
Embarcadère face au restaurant L'Assiette au bœuf.

Navigation active.Embarquement 17 quai Paul Vautrin. Départ à 14h30 du mercredi au dimanche), à 16h (du mercredi au dimanche), à 17h30 (du 6/07 au 29/08 le mercredi, le jeudi, et le samedi). Adulte : 12 €. Formule apéro boat Balade de 1h30 avec apéro : 50 € pour 2 personnes. Formule Repas boissons comprises Balade de 2h : 100 € pour 2 personnes, billetterie Cora. Visite guidée.

Embarquez pour une pause bucolique au 17 quai Paul-Vautrin, en contrebas du restaurant L'Assiette au bœuf. Offrez-vous une bulle d'évasion grâce à cette balade au fil de la Moselle sur cette embarcation qui vogue sans bruit. Le capitaine et sa matelote auront à cœur de répondre à vos interrogations sur les édifices, la faune et la flore. Vous pourrez y consommer une boisson, et profiter aussi de la terrasse à l'arrière. Vous pouvez privatiser le bateau pour votre anniversaire ou à une autre occasion pour un maximum de 28 personnes. Lauréat des trophées du tourisme 2019 organisé par le Crédit agricole de Lorraine, ce capitaine a vu son rêve mis à l'honneur à travers ce concours.

DÉCOUVERTE DE METZ À VÉLO

2, place d'Armes
✆ 03 87 55 53 76
www.tourisme-metz.com

Départ à 14h. Visite pour adulte incluant la location de vélo, le prêt de gilet et de casque. Tarif 9 € par personne. Durée de la visite : 2h.

Il existe une manière agréable et écologique de découvrir ou de redécouvrir une ville, grâce à la petite reine (ainsi nommée en hommage à une reine de Hollande qui prisait fort ce moyen de transport). À Metz, les voies cyclables sont nombreuses et offrent des points de vue insolites et variés. L'office de tourisme vous propose d'allier activité physique et découverte au cours d'une visite guidée. Rendez-vous à l'office de tourisme de Metz, place d'Armes. Top départ depuis celle que l'on surnomme « La Lanterne du Bon Dieu », à savoir la cathédrale Saint-Étienne ! Maintenant ? Direction le plan d'eau et les régates messines ! Le parcours facile est de 5 à 6 kilomètres, un maximum de 10 participants. Le guide est en tête du peloton et ne doit pas être dépassé, il s'arrête pour commenter les monuments.

Le P'tit train de Metz by Schidler.

SOLIS METTENSIS

Promenade en bateau solaire
Quai des Régates (plan d'eau)
✆ 07 71 75 72 94
www.metz-bateau-solaire.com
metz.solismettensis@gmail.com

Ouvert d'avril à octobre. De novembre à avril sur réservation selon les possibilités de navigation. Adulte : 10 €. Enfant (de 3 à 17 ans) : 7 €. Promenade petit-déjeuner : 19 €. Promenade vin de Moselle (à partir de 18h30) : 19 € Balades spéciales uniquement sur réservation.

Rendez-vous au port de plaisance du plan d'eau de Metz, en face de la capitainereie. Ici, le Solis, qui fonctionne à l'énergie solaire vous permettra de larguer les amarres et de voguer sur la Moselle. Son capitaine, charmant et sympathique, vous propose une belle balade au fil de l'eau de 50 minutes, pour découvrir Metz autrement. Que l'on soit touriste de passage ou même habitant, il fait bon naviguer en plein été et s'enrichir des beautés architecturales et végétales de la cité Messine. Sur la Moselle, votre regard se portera sur les quais, le pont Neuf, le temple protestant, l'arrière du théâtre, les anciennes maisons du XVIIIe siècle (avec leurs lavoirs)... Un instant fluvial original !

LE P'TIT TRAIN DE METZ BY SCHIDLER

Départ place d'Armes
Siège social : 7 Rue de Méric,
57050 Metz ✆ 03 87 78 67 07
www.autocars-schidler.com

Du 01/05/2021 au 03/10/2021 tous les jours. Les vendredi, samedi, dimanche après cette date. Accessible du 1er mai au 31 octobre 2021. Visite d'1 heure. Adulte : 8 €. Enfant : 5 €. Groupe (3 personnes) : 19 € (4 : 23 €). Visite guidée.

Une activité et une manière de découvrir les richesses de la ville de Metz qui plaira aux plus jeunes et aux plus anciens. Aux plus jeunes car le projet est écolo et aux plus anciens car l'activité se révèle économe en dépense d'énergie corporelle. Sept fois par jour, au départ de la cathédrale Saint-Étienne, un petit train 100 % électrique parcourt les rues messines.

Trois wagons et un toit panoramique à 360 permettent d'observer 3 000 ans de patrimoine en une heure. La gare, le Centre Pompidou, les jardins Jean-Marie Pelt, la place Saint-Louis... Tous les points-clés et les bâtiments emblématiques de la plus grande ville de Moselle voient passer, chaque jour, ce petit train blanc rempli d'un public plus ou moins jeune mais toujours avide de connaissances. Car en plus de promener ses passagers à travers la ville, le petit train permet de tout apprendre sur Metz grâce à des casques audio distribués à tous.

A voir - A faire

■ CATHÉDRALE SAINT-ÉTIENNE ★★★★

Place d'Armes ✆ 03 87 75 54 61
www.cathedrale-metz.fr
contact@cathedrale-metz.fr
Ouvert toute l'année. Crypte/Trésor : du lundi au samedi 9h30-12h30 et 13h30-17h30. Le dimanche et les jours fériés : 14h-18h. Adulte : 4 € (entrée de la crypte et du trésor). Groupe (12 pers.) : 2 €. Audioguide 7 € (en français, anglais et allemand, donnant aussi accès à la crypte et au trésor). Visite guidée.

Mademoiselle la cathédrale de Metz a fêté ses 800 printemps lors de l'année 2020. Autant dire qu'elle peut se permettre de toiser les autres bâtiments de la ville en se gaussant, en plus d'être l'édifice qui accueille le plus de visiteurs. La cathédrale Saint-Étienne se révèle fascinante pour toutes les générations tant elle peut raconter d'histoires aux petits enfants comme aux grands parents. Sa voûte de 42 mètres de haut et ses 6 500 mètres carrés de vitraux ne manquent pas d'impressionner toutes les âmes qui franchissent son portail d'entrée. D'autant que certains vitraux sont signés du célèbre artiste Marc Chagall. Cette cathédrale, considérée comme l'un des chefs-d'œuvre gothiques les plus majestueux d'Europe, possède quelques trésors qu'il convient d'explorer. Les plus jeunes ne manqueront ainsi pas de visiter la crypte et d'y découvrir une collection de sculptures dont celle du légendaire Graoully.

DE LIEUX EN LIEUX

Centre Pompidou-Metz.

CENTRE POMPIDOU – METZ ★★★★

1, parvis des Droits-de-l'Homme
✆ 03 87 15 39 39
www.centrepompidou-metz.fr
contact@centrepompidou-metz.fr

Fermé le 1er mai. Du 1er avril au 31 octobre du lundi au jeudi de 10h à 18h ; le vendredi, samedi et dimanche de 10h à 19h. Du 1er novembre au 31 mars du lundi au dimanche de 10h à 18h. Fermé le mardi tout l'année. Gratuit jusqu'à 26 ans. Tarif modulable en fonction du nombre d'espaces d'expositions ouverts le jour de votre visite : 7 € / 10 € / 12 €. Label Tourisme & Handicap. Audioguides accessibles aux déficients auditifs (BIM). Entrée gratuite aux expositions pour les personnes en situation de handicap et leur accompagnateur. Accueil enfants. Visite guidée (réservation obligatoire). Restauration. Boutique. Animations.

Ce grand chapeau chinois accueille tout au long de l'année des visiteurs de tous les âges. On dit de ce musée qu'il est l'institution sœur du Centre Pompidou de Paris. Diable, que cette sœur est belle ! Les plus grands trouveront l'architecture audacieuse quand les plus petits diront qu'elle est tout simplement rigolote. Depuis l'ouverture de l'établissement culturel, les différentes expositions n'ont de cesse de surprendre, d'apprendre et d'interpeler. Les trois galeries du musée messin permettent de cumuler différentes expositions et, à chaque moment de l'année, chaque public peut y trouver son compte. Que ce soit pour y apercevoir des créations d'artistes connus ou tout simplement pour découvrir le meilleur de l'art moderne et contemporain. Différents événements, toujours très pédagogiques, se tiennent toute l'année à destination des enfants. Dès 5 ans, il est ainsi possible à certaines périodes de s'adonner à la sculpture ou encore de fabriquer d'étranges machines volantes. Et pour une pause gourmande, pensez au restaurant La Voile Blanche au premier étage du musée. Vous y dégusterez les bons produits de Marcotullio Traiteur.

MAISON NATALE DE PAUL VERLAINE

2, rue Haute-Pierre
✆ 06 34 52 22 34
www.amis-verlaine.net
admmaisondeverlaine@gmail.com

Ouvert toute l'année. Du mardi au dimanche. Sauf jours fériés. Visite commentée sur réservation à 15h15 et 16h30 à partir de 4 personnes. Gratuit jusqu'à 18 ans (en famille). Adulte : 7 €. Groupe (4 personnes) : 5 € (visite de groupe entre 4 et 19 personnes sur RDV). 3,50 € lycéen, étudiant et faible revenu. Groupes et classes des écoles, collèges, lycées et universités doivent prendre rendez-vous. Visite guidée. Boutique.

Pour un professeur de français mosellan, il est impensable de dispenser un cours de poésie sans mentionner Paul Verlaine. Pour cause, ce dernier est né à Metz en 1844. Alors, pour que chaque collégien s'imprègne au mieux des mots qu'il apprend à l'école, quoi de mieux qu'une visite chez Verlaine lui-même ? À Metz, la visite de la maison natale du poète procure une réelle émotion tant elle permet un voyage au cœur du XIXe siècle. Paul Verlaine a vécu dans cette demeure jusqu'à ses sept printemps et l'ensemble de son œuvre montre qu'il est resté farouchement attaché à la ville de Metz. Lors de la visite des quatre pièces qui composent ce musée, il peut être intéressant de demander aux enfants de dénicher les allusions à Metz dans les vers de Verlaine. Petit indice : le poème « Ode à Metz » ne parle que de Metz.

MUSÉE DE LA COUR D'OR ★★

2, rue du Haut Poirier
✆ 03 87 20 13 20
www.musee.metzmetropole.fr

Fermeture les 1er janvier, Vendredi Saint, 1er mai, 14 juillet, 1er et 11 novembre, 24-25-26 et 31 décembre toute la journée. Ouvert du mercredi au lundi de 10h à 12h45 et de 14h à 18h. Gratuit. La majeure partie des collections du musée sont accessibles aux personnes à mobilité réduite. Pour votre confort, nous vous invitons à signaler votre visite au 03 87 20 13 20. Accueil enfants. Visite guidée. Bibliothèque.

Archéologie, beaux-arts et histoire. Voilà le triptyque gagnant d'un musée fondé à Metz en 1839. Pour les plus jeunes, le musée de la Cour d'Or est déjà une curiosité pour son architecture intérieure assez atypique. Des dédales, des petites salles, un grenier médiéval, une ancienne église, un vieil escalier... Tout le contraire des grandes salles ennuyeuses et impersonnelles des musées traditionnels. Sauf que le musée de la Cour d'Or ne se limite pas à son décor. Il conserve de façon permanente une collection archéologique gallo-romaine de premier plan et ses 42 espaces traversent deux millénaires d'histoire. Parmi les pièces qui ne manqueront pas d'intéresser les plus jeunes, citons un coffret-reliquaire en os de cétacé ou cette sculpture de saint Georges terrassant le dragon. L'été, le musée propose des animations spéciales à destination des 3-13 ans. Il devient ainsi possible de visiter les galeries dans

Visite du musée de la Cour d'Or – Metz..

la peau d'un petit pirate, de fabriquer des vitraux ou encore de découvrir le monde des chevaliers.

PORTE DES ALLEMANDS ★

Boulevard André-Maginot
www.metz.fr
A l'angle de la rue des Allemands, au niveau du pont Henry-de-Ranconval.

Basse saison : ouvert du mardi au dimanche de 14h à 17h. Haute saison : du mardi au dimanche de 14h à 19h. Gratuit. Animaux acceptés.

Point de départ d'un sentier autour des fortifications de Metz et symbole le plus fort du passé médiéval de la plus grande ville de Moselle. La porte des Allemands cumule les bonnes raisons d'y passer un moment en famille. Et encore, on n'a pas encore évoqué le plus évident des arguments. Sa silhouette.

À la fois harmonieuse et imposante, la porte des Allemands se dresse comme un petit château fort et elle est devenue un lieu emblématique de la ville. Elle comporte une double porte, un pont sur la Seille, et elle est devenue l'écrin privilégié de nombreuses manifestations culturelles. Des ateliers pour les groupes scolaires se tiennent toute l'année. Ainsi, les enfants peuvent écouter des contes, jouer à des jeux de construction ou se lancer dans des chasses aux trésors.

Se restaurer

L'ASSIETTE DU MARCHÉ

Marché couvert
Place de la Cathédrale
✆ 06 08 83 63 02
Ouvert du mardi au jeudi de 10h à 18h ; le vendredi et le samedi de 8h à 18h. Carte : 11 € environ. Terrasse. Vente à emporter.
L'Assiette du marché, c'est en réalité chez Mauricette. Rendez-vous au fond du marché pour trouver tous les stands de charcuterie lorraine, de fromages lorrains ainsi qu'un restaurant ouvert sur les halles. Là-bas, Mauricette et son équipe accueilleront votre petite famille comme il se doit. Pour un déjeuner autour d'une table ou pour quelques achats à emporter. On vous propose des plats du jour, des salades composées, des tartines, des soupes… le tout préparé dans une cuisine ouverte. Les assiettes de produits lorrains font fureur, tout comme les quiches lorraines, les pâtés lorrains ou quelques délices à la mirabelle. En bref, il n'existe pas vraiment de meilleur endroit, au cœur de Metz, pour savourer des mets régionaux dans un cadre très typique.

EL THEATRIS

2, place de la Comédie
✆ 03 87 56 02 02
www.eltheatris.fr
eltheatris@hotmail.fr
Suivre Parking Théâtre en voiture. Mettis ligne A, arrêt Square du Luxembourg, Bus Ligne 3, arrêt Square du Luxembourg.
Ouvert du lundi au jeudi de 12h à 14h30 et de 19h à 22h30 ; le vendredi et le samedi de 12h à 14h30 et de 19h à 23h30 ; le dimanche de 12h à 14h30. Menus de 29,50 € à 47 € (hors boisson). Carte : 26 € environ. Menu enfant : 12 €. American Express, Chèque Restaurant. Accueil des groupes. Terrasse.
El Theatris, c'est d'abord un cadre qui émerveillera les mirettes des petits gastronomes. Ces derniers seront forcément impressionnés de dîner ou de déjeuner dans des salles autrefois fréquentées par d'illustres personnages comme le marquis de Lafayette. Une fois la leçon d'histoire passée à propos de cet acteur majeur de l'histoire des USA, place aux assiettes. Et dans ce registre, il est compliqué de faire aussi classe que la cuisine de Nicolas Rapenne. En clair, le chef honore comme il faut la place de choix de son établissement, situé dans le même bâtiment que l'Opéra-Théâtre de la ville, véritable bijou architectural. Toute la famille ressortira forcément d'El Theatris rassasiée et impressionnée.

LA FLEURE DE LY

5, rue des Piques
✆ 03 87 74 01 23
www.lafleuredely.fr
lafleuredely@hotmail.com
Ouvert toute l'année. Sauf les les 24, 25, 26 décembre et le1er janvier. Du lundi

au samedi de 12h à 14h30 et de 19h à 22h30 ; le dimanche midi. Réservation recommandée. Menus de 23 € à 57 € (possibilité de menus avec verres de vin). Carte : 27 € environ (le plat). Menu enfant : 14 € (et un menu «fines bouches» à 22 € en 3 services). Formule du midi : 30 € (entrée+plat+dessert). Vin au verre. Terrasse.

Lorsqu'un restaurant décline un menu enfant Lutins gourmands et un menu enfant Fines bouches, il est clair que ce sont toutes les valeurs de la tradition, de la transmission et de la famille qui sont honorées, et pour le plaisir de toutes les générations. Il existe en effet à cette adresse deux propositions de menus différents pour les plus jeunes. Voici un cocon messin où il est délicieux de se poser dans tous les sens du terme : ambiance raffinée et cosy avec un salon réchauffé par une cheminée pour l'hiver, jolie terrasse en été, salons privés, service souriant, et une cuisine d'émotions tout en maîtrise. Le cadre est sublime et ces murs abritent depuis longtemps des cuisiniers d'exception. Désormais, l'ancien hôtel particulier abrite la cuisine raffinée de Nicolas Rapenne.

HESPERIUS

6, rue du Faisan
✆ 09 52 56 97 47
www.restaurant-hesperius.fr

Ouvert le lundi, le jeudi et le samedi de 12h à 14h et de 19h à 21h30 ; le mercredi de 12h à 14h ; le dimanche de 19h à 21h30. Menus de 32 € à 44 €. Carte : 23 € environ. Menu enfant : 10 €. Suggestion du jour : 12,90 € (+ café gourmand : 15,90 €).

Derrière cette petite vitrine très sobre, on reçoit les marmots comme des rois. Jugez plutôt les prestations offertes avec le menu enfant : un amuse-bouche, une viande ou un poisson accompagnés de légumes ou frites maison et, pour finir, deux boules de glace confectionnées par une ferme mosellane. Les parents seront quant à eux séduits par une cuisine très audacieuse. Les produits locaux sont ici sublimés par des mariages malins et audacieux et on ressent très fort la personnalité d'un jeune cuisinier qui emmène toute la famille dans son monde culinaire.

L'ÉPICURIEN

33, rue Vigne-Saint-Avold
✆ 03 87 36 69 11
www.lepicurienmetz.fr
thierry-horodnyj@orange.fr

Ouvert le lundi, le mardi, le jeudi et le vendredi de 12h à 13h30 et de 19h à 21h ; le samedi de 19h à 21h ; le dimanche de 12h à 13h30. Menu unique à 31 €.16,50 € (et 21,50 €). Vin au verre. American Express, Chèque Restaurant. Accueil des groupes.

Pour les enfants, il existe deux manières d'appréhender l'ardoise. Soit elle rappelle les cours de mathématiques et les tables de multiplication, soit elles augurent de bons moments au restaurant.

À L'Épicurien, l'ardoise prend la place du menu et elle permet une cuisine de saison et adaptée aux saveurs du marché. Autant dire qu'à cette adresse du quartier Outre-Seille, on mange frais et on mange bien. On n'y travaille pas ses mathématiques mais on peut y bosser son anglais. Car l'épouse du patron accueille les clients avec un délicieux accent britannique. Dans les assiettes, en revanche, place au local, au lorrain, au mosellan.

LE PAMPRE
31, place de Chambre
✆ 03 87 50 16 20
www.lepampre.fr
contact@lepampre.fr
Gastronomie du Terroir. Ouvert le lundi et le mercredi le soir ; du jeudi au dimanche de 12h à 13h30 et de 19h à 21h30. Réservation recommandée. Menus de 32 € à 60 € (menu Initiation à 32 €, Menu Dégustation à 42 €, ou Menu Signature à 60 €. Menus à thème selon la période). Carte : 28 € environ. Vin au verre. Le midi en semaine : entrée et plat 25 €, plat et dessert, 25 € ; Menu avec fromages et dessert 38 €. Accueil des groupes.

Le chef Alexis Baudin a donné son identité à cette adresse au passé glorieux. À beaucoup de petits messins, on racontera que leurs grands-parents ou leurs parents ont vécu de somptueux dîners à cet emplacement d'exception. Situé en contrebas de la cathédrale Saint-Étienne, ce restaurant apporte à la place de Chambre ses lettres de noblesse gastronomique. Le décor est simple et élégant, et se marie à une cuisine qui raconte une histoire. Il faut dire que le chef sait mettre en avant ses partenaires qui sont bien souvent des producteurs mosellans. Si les enfants sont gourmands et patients, ils peuvent vivre à cette adresse réputée une sublime initiation à la grande cuisine.

LE P'TIT FRONTALIER
3, rue des Parmentiers
✆ 03 87 37 31 49
www.le-petit-frontalier.fr
petit.frontalier@numericable.fr
Ouvert du mercredi au samedi de 12h à 14h et le soir de 19h à 22h ; le dimanche de 12h à 14h. Réservation recommandée. Menus de 18 € à 48 €. Carte : 23 € environ. Menu enfant : 9 €. Formule du midi : 25 € (entrée+plat+dessert en semaine). Dessert à partir de 9,50 €. American Express, Chèque Restaurant. Chaises bébé. Terrasse. Wifi / carte en allemand.

Découvrez ici le patrimoine gastronomique de la Grande Région, allant du Grand-Duché du Luxembourg à la Sarre allemande. Dans les assiettes du P'tit Frontalier, les spécialités s'inscrivent dans les traditions lorraines, luxembourgeoises et sarroises. Les plus érudits clameront que l'établissement porte bien son nom. Les plats sont élaborés à partir de produits de saison. On trouve par exemple au menu : les bonbons de joue et de pied de cochon et sa sauce caramel de bière noire, les noix de Saint-Jacques poêlées et ses rouleaux de printemps, le mille-feuille de rouget et d'aubergines et sa crème parmesan ou encore la ballottine de poulet aux figues et gésiers confits... Cela n'éveille pas les papilles des bambins ? Pas de panique. Le chef met un point d'honneur à combler tous les palais et il propose des plats simples mais locaux. Ainsi, le poisson pané est fait maison et son accompagnement met à l'honneur des légumes frais du marché.

QUINTESSENCE
1, rue de Paris
✆ 03 87 31 46 88
www.quintessence-restaurant.com
contact@quintessence-restaurant.com
Fermé le mardi soir, le mercredi toute la journée et le dimanche soir. Menus de 49 € à 66 € (menu dégustation surprise). Carte : 28 € environ. Menu enfant : 12 € (plat+dessert). Formule

du midi : 26 € (entrée+plat+dessert). Vente à emporter.
Faut-il être un gastronome chevronné pour découvrir la cuisine de Cédric Bertaux ? Assurément pas tant le chef met un point d'honneur à proposer un joli voyage culinaire à toute la famille et même aux plus jeunes. Lui, il privilégie une bonne purée maison à un quelconque nuggets-frites. Pour les grands, le service se révèle évidemment plus sophistiqué et Cédric Bertaux fait parler sa passion de la terre. Issu du milieu agricole, il met en valeur les producteurs du terroir grâce à des assiettes raffinées et authentiques. Il est possible de donner carte blanche au chef en choisissant le menu surprise. Là, place à l'inspiration du patron.

Emplettes

■ BOULANGERIE PÂTISSERIE DUDOT

22, rue Ladoucette
✆ 03 87 62 61 52
www.boulangerie-dudot.com
boulangerie@dudot.fr
Ouvert du lundi au vendredi de 6h à 19h30 ; le samedi de 6h à 19h ; le dimanche de 6h à 13h. Carte de fidélité disponible. Baguette-tradition 1,20 €, éclair du jour 2,50 €, sachet soldé 2,20 € (lot de viennoiseries de la veille), chinois 5 € sur commande seulement.
Depuis 1932, la famille Dudot c'est : une baguette pure tradition française conçue dans le respect de la recette authentique, des pains divers et variés (campagne, pavot, froment, bio), trois fournées au quotidien, des viennoiseries et pâtisseries de qualité. À midi, on s'y presse pour acheter de copieux sandwichs, un pâté, croque-monsieur ou une part de pizza. On aime les spécialités locales, comme le Chinois (gâteau lorrain brioché en forme d'escargot, fourré à la crème pâtissière et aux pépites de chocolat) disponible sur commande ou la tarte au sucre à partager. Mais l'éclair demeure la star de la maison et de toute la famille. Ils se révèlent délicieux et dodus à souhait ! Il y a les classiques bien sûr (café, chocolat, vanille) mais « l'éclair du jour » propose des parfums aussi originaux qu'audacieux : mojito, rose, violette, citron-framboise, fraise-Tagada... Une bonne adresse de quartier qui possède deux petites sœurs. Une adresse au centre-ville et une autre à Montigny-lès-Metz.

■ ÉPICERIE FERME BEL AIR

14, rue Ladoucette
✆ 03 87 86 15 65
contact@fermebelair.fr
Ouvert du mardi au samedi de 10h à 18h. Livraison possible (frais de ports offerts à partir de 75 € d'achats). Boutique en ligne.
Dans la famille Guillaume, 10 générations d'agriculteurs se sont succédé. La Terre est au centre de la vie de cette famille passionnée par son métier. C'est cet amour et la volonté de transmettre qui les a convaincus de se tourner vers une agriculture biologique respectueuse de l'environnement. Vous retrouverez au marché couvert leurs différents produits : toute une gamme d'huiles vierges (colza, chanvre, cameline, courge...), des légumes secs et graines comme les lentillons ou les graines de lin doré, des pâtes artisanales, des farines de céréales anciennes... On y trouve même des savons de la gamme Soins Bel Air, non seulement respectueux de l'environnement, mais également de votre peau !

Chocolaterie Dumay – Metz.

CHOCOLATERIE DUMAY

138, rue de Vallières
✆ 03 87 16 65 90
www.chocolaterie-dumay.fr
choco-fd@orange.fr

Ouvert le lundi de 14h à 19h ; du mardi au vendredi de 9h à 12h et de 14h à 19h ; le samedi de 9h à 12h et de 14h à 18h.

Le chocolat et les confiseries se déclinent ici sous des formes tellement diverses qu'on ne sait quoi goûter. Par chance, une razzia en famille dans cet atelier messin permet d'effectuer ce savoureux travail de dégustation en équipe. Et chez Fabrice Dumay, maître chocolatier formé dans les Vosges, il est obligatoire de goûter la spécialité de la maison : le chardon lorrain. Ce chocolat aux contours rocailleux qui vient se remplir d'une liqueur aux fruits. Sinon, place à d'autres découvertes. Des orangettes à grignoter, des pâtes de fruit à avaler voire même des pots de chocolat à tartiner.

FRANÇOIS TRAITEUR

32, rue de la Tête-d'Or
✆ 03 87 75 30 60
www.francois-traiteur.fr
info@francois-traiteur.fr

Ouvert du mardi au samedi de 9h à 19h. Livraison possible. Prix sur mesure. Prestations sur mesure en fonction de vos besoins et de vos attentes.

La pagaille à la maison car personne n'a envie des mêmes mets dans l'assiette ? Un détour par la rue de la Tête-d'Or du centre-ville de Metz s'impose. Chez François Traiteur, les spécialités de la maison sauront convaincre tout le monde et chacun pourra repartir avec un bon petit plat à réchauffer chez soi. Que ce soit du pâté lorrain, des tourtes aux escargots ou aux grenouilles, des quiches lorraines ou d'autres plats cuisinés, tout est fait maison et tout est local. Chaque jour, un plat végétarien est également proposé. Par ailleurs, ce traiteur met en avant dans sa boutique quelques produits qu'il a dénichés au gré de ses découvertes. Du caviar, des vins, des truffes ou encore quelques délices sucrés. Il existe donc mille raisons, quand la faim approche, de faire un détour par ce traiteur réputé de la ville de Metz.

HISLER

1, rue Ambroise Thomas
✆ 03 87 75 07 11
www.hisler.fr
contact@hisler.fr

Ouvert du lundi au samedi de 9h30 à 19h. Livraison possible (envoi à domicile des commandes réalisées sur le site).

L'incontournable à Metz, la librairie Hisler-Even est LA librairie où il faut se rendre. En cœur de ville, à quelques pas de la cathédrale, le rez-de-chaussée vous entraîne immédiatement dans l'ambiance. Des derniers *best-sellers* aux grands classiques, de l'art culinaire à la poésie, de la relaxation aux histoires drôles, du tourisme aux beaux-arts en passant par l'histoire et la religion : la stimulation est intergénérationnelle ! Venez découvrir le Bar de la page : pour ceux qui aiment flâner et profiter de quelque lecture spontanée, ce lieu accueille le client de passage à tout moment de la journée. La librairie dispose également d'un rayon papeterie et beaux-arts bien fourni et d'une large gamme d'articles de luxe liés à l'écriture. Il faut dire que depuis 1880, le plaisir du livre et de l'écriture n'ont eu de cesse de s'étendre dans une boutique de près de 1 300 m² qui accueille désormais un espace BD. Évidemment, l'équipe anime régulièrement les sorties d'éditions et se révèle un acteur engagé lors d'événements autour du monde de l'édition.

■ MARCHÉ COUVERT

Place du Marché couvert

Ouvert du mardi au samedi de 7h à 19h.

Depuis 1831, le Marché couvert de Metz est un lieu de commerce et de rencontres avec comme voisine la cathédrale Saint-Étienne qui fête ses 800 ans cette année. A l'origine, ce magnifique bâtiment devait être un palais épiscopal. Une visite incontournable et un lieu animé pour découvrir des produits régionaux en priorité, des fruits, des légumes, mais aussi viandes, poissons et fromages, sans oublier fleurs et thés Damman entre autres, une sélection de produits de qualité. Quelques adresses vous permettront de vous restaurer agréablement, sans chichis dans une ambiance unique. Ce bâtiment en U, avec deux ailes qui encadre une majestueuse cour, accueille le marché hebdomadaire le samedi.

Marché couvert – Metz.

PÂTISSERIE JEAN

2, en Fournirue, Place d'Armes
© 03 87 75 39 30
Ouvert tous les jours de 7h15 à 19h30. Salon de thé.
Aux pieds de la majestueuse cathédrale Saint-Étienne, il est difficile de rater l'alléchante vitrine de la pâtisserie Jean. Là, une pause gourmande s'impose et il est conseillé à toute la famille de découvrir le fameux paris-metz. Une version colorée et fruitée du célèbre paris-rest où deux macarons se trouvent enrobés d'une délicieuse mousseline arlequin agrémentée de framboises fraîches. Si le temps manque et que les enfants veulent poursuivre la promenade, il est également possible de prendre les délices de cette pâtisserie à emporter. Hormis les petits gâteaux, la maison régale avec des glaces ou des chocolats.

Sports / loisirs / activités

MAISON DU VÉLO

10, rue Basse-Seille
© 03 55 80 92 91 – www.metzavelo.fr
metz-a-velo@fubicy.org
Label Accueil Vélo. Ouvert du mercredi au vendredi de 13h à 19h ; le samedi de 9h à 12h30 et de 13h30 à 18h. Possibilité de rendez-vous en dehors de ces horaires. Adhésion annuelle : individuel : 15 € ; Etudiants et précaires : 5 € ; Couple : 20 € ; Famille : 25 €.
L'association Metz à Vélo a pour but de promouvoir l'usage du vélo dans l'agglomération messine. Elle propose des ateliers encadrés pour apprendre à réparer sa petite reine à moindre coûts. Pas besoin d'être expert pour graisser la chaîne ou changer une chambre à air. Les cyclistes confirmés membres peuvent bénéficier de tout l'outillage de l'atelier. Diverses activités sont proposées : balades mensuelles, Fête du Vélo, bourse à vélo, Semaine de la Mobilité et de la Sécurité Routière ainsi que l'opération « Allons-y à vélo ». L'adhésion donne droit à des réductions de 10 à 15 % dans des magasins partenaires spécialisés en cyclisme. Enfourchez votre vélo, c'est écolo !

LE PLAN D'EAU

Boulevard Poincaré
En contrebas de l'Esplanade.
Pont des Roches
Ouvert toute l'année. Tous les jours et les jours fériés. Gratuit.
Considéré comme le poumon vert du centre-ville de Metz avec ses 5,4 hectares, le Plan d'eau apparaît comme le principal lieu de rassemblement estival des familles, des étudiants et des promeneurs. Alors que les sportifs s'éclatent au cœur du skatepark ou sur les city-stades, les flâneurs profitent du chemin autour du Plan d'eau pour se promener à vélo, à pied ou en roller. L'aire des jeux pour enfants est pris d'assaut durant les beaux jours, rires et cris des bambins se mêlent aux gazouillis des oiseaux. Vous profiterez de cet instant pour vous installer à la buvette non loin de là. Les vastes étendues de pelouses se révèlent propices aux réunions improvisées. Sur la rive d'en face, vous avez accès à une partie plus sauvage, bordée de marronniers. Longeant une série d'écluses, une maison pittoresque à colombages dévoile une vue originale sur les anciennes fortifications de la ville. Vient s'ajouter à cela toute une série d'animations : l'Art dans les Jardins et bien sûr Metz Plage qui, de fin juillet à la mi-août, déploie transats, parasols, palmiers et de nombreuses activités pour les enfants. Vous pourrez aussi louer des bateaux à pédales pour une jolie balade sur l'eau.

Plan d'eau – Metz.

LES SKATE PARK DE METZ

Le Bowl au Parc de la Seille (derrière les Arènes)
Skate Park du Plan d'eau Saint-Symphorien

Les pratiquants de sports urbains (skate, roller, BMX…) sont de véritables acrobates et méritent bien des équipements dignes de ce nom ! À Metz, deux skate parks sont ouverts à tous et rassemblent depuis longtemps une communauté de mordus des sensations de glisse. Celui du Plan d'eau, derrière la patinoire, avec ses installations mixtes, est adapté à tous les âges et niveaux. Il n'est pas rare d'y voir un gamin tenter de monter un module avec sa trottinette à côté d'un gros spécialiste qui enchaîne les figures en skate. Le Bowl au Parc de la Seille, parcours rapide qui s'étend sur 500 m², s'adresse davantage aux plus doués de la discipline. Cet espace est d'ailleurs très réputé et certains viennent de très loin pour s'éclater dans cette cuve messine. À noter que ces structures sont en accès libre et ne sont pas surveillées. Enfin, pour le badaud de passage, rien n'empêche d'aller voir le show que mènent les skateurs, rollers et autres fans de vélos BMX.

VÉLOROUTE LA VOIE BLEUE MOSELLE-SAÔNE À VÉLO

www.lavoiebleue.com

Ouvert toute l'année. Gratuit.

Amateurs et amatrices de découvertes en nature, enfourchez votre bicyclette pour une balade sur les rives de la Moselle. La véloroute Charles le Téméraire s'emprunte à Metz par le pont Eblé. Plusieurs parcours sont disponibles pour que vous puissiez découvrir autrement les lieux. Pour les cyclistes en herbe, le parcours de Metz jusqu'à Corny-sur-Moselle, aller-retour est d'environ 40 km. Rassurez-vous le chemin est bien indiqué, et si une pause est nécessaire, des tables pour se restaurer sont mises à disposition dans des lieux bucoliques. Pour les plus téméraires, le parcours de Metz jusqu'à Thionville, aller-retour est d'environ 60 km. Alors ça roule ?

Montigny-lès-Metz

A voir – A faire

JARDIN BOTANIQUE DE METZ

27 ter, rue de Pont-à-Mousson
✆ 08 00 89 18 91

Ouvert toute l'année. Tous les jours. Le jardin est ouvert de 8h jusqu'à la tombée de la nuit. Les serres sont ouvertes en semaine de 9h à 16h, les week-ends et jours fériés de 9h à 12h. Gratuit.

Une bulle de nature pour les enfants avec un parfum d'histoire pour les plus anciens. Situé à Montigny-lès-Metz depuis la fin du XIXe siècle, le jardin botanique de Metz est un appel au dépaysement et aux promenades bucoliques. Le jardin des senteurs ou le plan d'eau parsemé de nénuphars encouragent à laisser les soucis de la vie quotidienne de côté et à se laisser porter par quelques rêveries. C'est vrai pour les parents en quête de quiétude et c'est vrai pour les enfants en quête de liberté. Le parc comporte une centaine de variétés d'arbres et certains d'entre eux ont vu passer quelques décennies. Un séquoia géant haut de 40 mètres est ainsi âgé de presque 150 ans. Signalons pour l'aspect historique du jardin botanique que la grande serre, installée d'abord sur la colline Sainte-Croix de Metz, a été construite en 1861 pour l'Exposition Universelle de la ville.

Emplettes

■ LA GRANGE AUX PAINS

223, rue de Pont-à-Mousson
✆ 03 87 65 59 54
Ouvert du lundi au samedi de 6h30 à 19h30.

Dans un pays caricaturé partout dans le monde par un type en béret avec une baguette sous le bras, hors de question de plaisanter avec le pain. Alors, dans l'agglomération messine, cap sur cette adresse de Montigny-lès-Metz labélisée Qualité MOSL. Depuis 2009, Priscilla et Rémi Pruvost cumulent les récompenses pour leurs baguettes et, surtout, ils accueillent les clients dans une bonne odeur de farine chaude dès 6h30 du matin. En somme, il s'agit d'une adresse idéale pour le pain du soir, le sandwich du midi ou le croissant du matin.

Montoy-Flanville

■ MUSÉE NATUREL JEAN-MARIE PELT

9, rue Principale
✆ 03 87 76 74 10
www.musee-naturel-pelt.fr
Ouvert toute l'année en visite libre. Visite guidée sur réservation.

Un musée naturel qui se visite en cheminant sur un sentier de deux kilomètres. Pour y apercevoir des poules, des plantes, des oies, des légumes d'autrefois. Certains liront toutes les indications disponibles sur le parcours quand d'autres préfèreront flâner à travers les différents espaces et jardins de ce musée qui ne ressemble à aucun autre. Histoire de bien saisir ce lieu nommé en hommage au célèbre botaniste messin Jean-Marie Pelt, il est possible de réserver une visite guidée. Aussi, il est fortement conseillé aux familles de jeter un œil au programme annuel de ce site. Il existe en effet un tas d'animations mises en place autour de la biodiversité et beaucoup sont à destination des enfants. Nuit des contes, Fête des abeilles, atelier sur le miel... Bref, un tas d'événements dans un lieu naturel très dépaysant juste à quelques encablures de Metz.

Moulins-lès-Metz

■ LES GRANDS PRÉS

Rue des Gravières
✆ 03 87 21 38 52
Ouvert du mardi au vendredi de 10h à 18h30 ; le samedi de 10h à 16h.

Consommer local, voilà une belle intention qui n'est pas toujours facile à appliquer au quotidien. Sachez que vous n'avez plus de prétextes. Situé dans la zone Actisud, le magasin Les Grands Prés vous offre la possibilité d'acheter des produits frais et de qualités provenant de pas moins 45 agriculteurs locaux qui pratiquent une agriculture bio ou raisonnée. Le principe : ceux sont les agriculteurs eux-mêmes qui gèrent le magasin. Et dans mon panier, j'y mets quoi ? Tout dépend de vos habitudes alimentaires bien sûr... Vous pourrez vous régaler avec des fruits et des légumes, viandes et volailles, épicerie fine, boissons et autres gourmandises sucrées qui vous feront fondre... Régalez-vous !

Norroy-le-Veneur

Se restaurer

CAFÉ FAUVE

Convivium, Ecoparc Nord
7, rue Jean Louis Etienne
✆ 03 72 39 55 30
www.cafefauve.fr
thomas@cafefauve.fr
Ouvert du lundi au vendredi de 8h30 à 16h. À emporter entre 11h30 et 13h. Carte : 7 € environ. Menu enfant : 5 €. Adhésion annuelle repas : 3 €. Accueil des groupes (entre 25 et 60 personnes ; privatisation possible en soirée ou le week-end : 100 €). Terrasse.

Le café-restaurant Fauve est un lieu solidaire qui propose des plats issus de l'agriculture biologique et/ou des producteurs locaux. Le savoir-faire en cuisine garantit une qualité et des saveurs d'ici et là pour satisfaire les fins gourmets. Une clientèle d'habitués ne manquerait le déjeuner pour rien au monde car, outre le repas, l'ambiance est conviviale et sympathique. Le menu pour les enfants change toutes les semaines et, s'ils s'ennuient, des espaces intérieurs et extérieurs peuvent leur permettre de jouer dans leur coin. De plus, le lieu accompagne des personnes éloignées de l'emploi afin de leur permettre de se réinsérer dans le monde du travail avec une expérience valorisante.

Chaque premier samedi du mois, un brunch est organisé. Vous pourrez également participer à des activités telles que des dégustations, ateliers... Café Fauve ? Une merveilleuse initiative à encourager en famille.

Sports / loisirs / activités

SENTIER DU PATRIMOINE

Départ : Salle Albert Bourson,
sur la D50, à l'entrée du village
en venant de Woippy
Ouvert toute l'année. Tous les jours. Gratuit.

Qui dit Norroy-le-Veneur dit pittoresque village des côtes mosellanes. Connue pour ses vignes et sa forte tradition de cultures fruitières et viticoles, la bourgade du XIXe siècle peut également se découvrir à pied, lors d'un après-midi d'été ou durant un week-end ensoleillé. Riche d'un patrimoine architectural fort, partez à la découverte des nombreuses fontaines, de l'église fortifiée et de l'ancien moulin dont la roue date de 1845. Vous déambulerez au rythme de vos pas à la découverte d'une région riche en nature et patrimoine.

- **Sentier du patrimoine :** départ de la salle Albert-Bourson, suivre le balisage (rectangles jaunes).
- **Distance** : 6,4 km
- **Durée** : 1h55
- **Dénivelé** : 152 m
- **Niveau** : facile

Ogy

LES METS FERMIERS

1, chemin des Huguenots
✆ 07 67 25 65 99
metsfermiers@gmail.com
Ouvert du mercredi au vendredi de 9h30 à 12h30 et de 14h à 18h30 ; de 9h30 à 13h30.

Et si le poulet du repas dominical familial venait d'une ferme mosellane ? Et si, pour l'apéritif, la bière était brassée dans le village d'à côté ? Et si, à la place des rayons du supermarchés, vous optiez pour un magasin fermier ? À Ogy, tout près de Montoy-Flanville, le magasin Les Mets Fermiers met clairement à l'honneur les circuits courts. Tous les produits proposés ont leur place sur la table familiale et tous ont été extirpés, ramassés ou traités par une exploitation ou une ferme de la région.

Peltre

Emplettes

■ CUEILLETTE DE PELTRE
Avenue de Strasbourg
✆ 03 87 74 32 93
www.cueillettedepeltre.fr
contact@cueillettedepeltre.fr
Ouvert le lundi de 13h30 à 19h ; du mardi au vendredi de 9h à 12h et de 13h30 à 19h ; le week-end et les jours fériés de 9h à 19h. Ouvert de mi-avril à mi-octobre. En hiver, ouvert le deuxième samedi de chaque mois. Enfants placés sous la responsabilité des adultes, animaux non-acceptés. Cartes acceptées à partir de 15 €.
Remplir le frigo ou les placards du foyer familial est l'affaire de tous. Exit le supermarché, toute la famille peut se rendre à Peltre pour une cueillette collective. Le principe n'a rien d'une gageure. Chacun prend un panier, une brouette, un sécateur ou tout autre ustensile et la suite de l'histoire se raconte dans le potager ou le verger de Peltre. Selon les saisons, il est possible de cueillir jusqu'à 60 variétés de fruits ou légumes et chaque produit devient soudainement meilleur quand il a été amené dans la corbeille par ses propres mains. Que ce soit une tomate, une fraise, une pomme, une grappe de groseilles voire même une fleur. Quelques jeux et animaux vous attendent pour vivre cette immersion en plein air.

Cueillette de Peltre.

Saint-Julien-lès-Metz

ARCHIVES DÉPARTEMENTALES

1, allée du Château
✆ 03 87 78 05 00
www.archives57.com
archives@moselle.fr
Ouvert du mardi au vendredi de 8h30 à 16h45 ; le samedi de 8h30 à 12h30. Entrée gratuite.
Un lieu plus que pertinent pour découvrir l'histoire de la Lorraine. Et, pour se plonger dans le passé, ces archives demandent un effort. L'effort de fouiner, lire, classer et étudier. Pas de panique, beaucoup d'archives ont été numérisées histoire de faciliter le travail de recherche. Avant de s'y rendre en famille, il est recommandé de consulter le programme des expositions. Certains peuvent se révéler passionnantes et très pédagogiques, y compris pour les plus jeunes.

© BRASSERIE DU TICHEMONT

Brasserie du Tichemont – Sainte-Marie-aux-Chênes.

Sainte-Marie-aux-Chênes

Se restaurer

LA BRASSERIE DU TICHEMONT

8, rue de Tichemont
✆ 06 79 46 22 39
www.brasserie-du-tichemont.com
contact@brasserie-du-tichemont.com
Ouvert du lundi au vendredi de 15h à 18h ; le samedi de 10h à 18h. Pub ouvert les vendredi de 16h à minuit et le samedi de 10h à 18h.
Jeter des mots à propos d'un brasseur artisanal dans un guide destiné aux familles peut paraître insolite. Oui mais voilà, cet endroit a été pensé pour plaire à tout le monde. Aux adultes forcément avec une gamme d'une quinzaine de bières différentes mais aussi aux plus jeunes. La brasserie du Tichemont propose en effet quelques limonades maison et une boisson gazeuse au cola totalement locale, baptisée MOSL Cola et brassée dans les cuves de Sainte-Marie-aux-Chênes. Il est évidemment possible d'acheter des bouteilles de toutes sortes. Tous ces breuvages se dégustent également au Tich-Pub, un local spécialement transformé en un pub au style complètement british.

LA FRINGALE

19, rue Briey
✆ 03 87 61 24 42
www.la-fringale-57.fr
Ouvert du lundi au vendredi de 12h à 14h ; le samedi de 19h à 21h30 ; le dimanche de 12h à 14h30. Menus de 22 € à 32 €. Carte : 19 € environ. Menu enfant : 7,50 €. Plat du jour : 8 €.
Cet établissement qui évoque un symptôme dans son patronyme, apporte la solution grâce à son service.

Une fringale familiale ? Cap sur Sainte-Marie-au-Chêne et cet hôtel-restaurant à l'intérieur duquel les spécialités sentent bon le terroir. Vol-au-vent, pieds de porc, tête de veau… le chef promet une cuisine à la fois locale et bio. Or, on sait que les nouvelles générations, notamment, se révèlent diablement intéressées par ce dernier critère. À tout âge, chacun sera donc séduit par cette adresse où, certains soirs en semaine, il est possible de venir déguster de savoureuses tartes flambées.

Scy-Chazelles

A voir - A faire

■ LA MAISON DE ROBERT SCHUMAN
8-12 rue Robert Schuman
✆ 03 87 35 01 40
www.mosellepassion.fr
maison-robert-schuman@moselle.fr
Ouvert de mi-février à mi-décembre. De mi-février à mi-juin et de mi-septembre à mi-décembre du mardi au dimanche de 14h à 18h, de mi-juin à mi-septembre de 10h à 13h et de 14h à 18h. Fermé les lundis et le 1er mai. Boutique. Librairie. Animations. Plein tarif : 5 €, tarif réduit : 3,5 €, gratuit pour les moins de 16 ans. Seuls le musée et les jardins sont accessibles aux personnes à mobilité réduite.
La Maison de Robert Schuman est un site historique dédié à la construction européenne. Incontournable dans le paysage mosellan, vous serez emporté dans le quotidien de l'un des Pères de l'Europe : Robert Schuman. Depuis 2018, le numérique vous permet de découvrir la Maison historique avec des hologrammes, des sons et des explications qui vous plongent dans l'intime de la vie de l'homme politique. L'hologramme de Robert Schuman vous attend également dans le Salon de l'horloge pour réentendre et découvrir en image le discours qui a posé les bases de la Communauté Européenne de l'Acier et du Charbon (CECA), à l'origine de l'Union européenne. Déambulez également dans les jardins, si chers au coeur de Robert Schuman, et profitez d'une pause détente ! En 2020, l'espace muséographique s'est refait une beauté et donne une nouvelle dynamique et un nouvel attrait pour ce lieu. La visite vous permettra de mieux comprendre la construction européenne et cette idée d'unir des peuples autour de valeurs communes, sa concrétisation mais également les difficultés auxquelles l'Union Européenne est régulièrement confrontée à l'image du Brexit.

Silly-sur-Nied

■ L'AUBERGE DU GROS
30, route de Sarrebruck
✆ 03 87 64 00 73
aubergedugros@gmail.com
Ouvert du mardi au vendredi et les jours fériés le soir ; le samedi soir ; le dimanche midi. Carte : 19 € environ. Formule du midi : 19,50 € (menu du marché). Hôtel de 28 chambres. Soirée étape 72-91€. Accueil des groupes.
À dix minutes de Metz, en pleine campagne, il est de bon ton de faire une halte gourmande et familiale à l'Auberge du Gros. Le Gros, c'est Denis, le chef. Et s'il se surnomme ainsi avec humour, c'est bien pour mettre en avant son côté bon vivant. Autant dire que les grandes tablées et les moments de rigolades sont les bienvenus du côté de Silly-sur-Nied. Cet établissement vous accueille dans un cadre rustique pour passer un moment convivial.

On y déguste une cuisine à la fois simple et raffinée qui met à l'honneur la gastronomie lorraine. Le talent du chef ne s'exprime pas que dans la cuisine. Sa maîtrise se retrouve aussi dans le choix de ses produits qui rendent ses compositions d'autant plus savoureuses. En salle, l'équipe saura vous recevoir, tout en sympathie et bonne humeur. Une auberge comme on les aime. Pour prolonger le plaisir lors d'événements, n'hésitez pas à faire appel à L'Artisan Gourmand, le service traiteur de L'Auberge du Gros.

Verny

A voir - A faire

FORT WAGNER

1, Le Fort
✆ 03 87 52 76 91
www.le-fort-wagner.com
raymond.decker@fort-de-verny.org
Circuit court de 2h30 les premiers dimanches de mai à octobre à 14h30. Circuit long de 4h30 uniquement sur rendez-vous. Réservation obligatoire.
Difficile de faire comprendre l'histoire du territoire mosellan aux enfants ? Fermez les bouquins, emmenez la famille à Verny. Car le Fort Wagner apparaît comme un professeur immersif à souhait. Son nom ? Il le doit à un militaire allemand car il a été construit pendant l'annexion, après le conflit de 1870. Son rôle ? Défendre l'ancien empire allemand. Tout au long d'une visite guidée qui se fait sur réservation, les jeunes curieux seront captivés par un site qui, au début du XXe siècle, possédait un nombre de commodités impressionnant pour un bâtiment militaire. On peut par exemple y observer une cuisine en parfait état. Aussi, les accessoires de combat ne manqueront-ils pas de fasciner les visiteurs, à l'image de cette tourelle de combat qui ne semble pas avoir pris une ride.

Vigy

A voir - A faire

ADEPPA

34, avenue Charlemagne
✆ 03 87 77 92 09
www.adeppa.eu
info@adeppa.eu
Contacter l'ADEPPA pour le programme du centre aéré et des colonies de vacances.
Un endroit paradisiaque réservé aux enfants. On ne dit pas que les parents ne sont pas les bienvenus, on affirme seulement que les plus jeunes pourront se prendre, ici, pour les rois du monde. Que ce soit lors d'une classe découverte avec l'école, un séjour de colonie de vacances, dans le cadre d'un centre aéré ou pendant un mercredi « éducatif », tout semble ici pensé pour l'épanouissement et la découverte. Dans un grand parc de 30 hectares, les équipes de l'ADEPPA de Vigy se chargent à chaque fois de concocter des programmes sur mesure pour les marmots en quête de grand air. Découverte d'animaux, jeux en pleine nature, ateliers pédagogiques, cirque, danse, tir à l'arc... N'importe quel moment partagé avec d'autres enfants du côté de Vigy permet une expérience unique hors du cocon familial.

Sports / loisirs / activités

VIGY LABYRINTHE

12, rue du Breuil
✆ 06 32 25 56 90
www.vigy-labyrinthe.com
vigy-labyrinthe@orange.fr

© ADEPPA

Adeppa, Vigy.

Ouvert à partir de juillet. Du lundi au samedi de 13h à 19h. Dimanche et jours de fêtes de 11h à 19h. Dernier départ à 18h. Entrée : 3 €. Enfant : 2 €.

Chacun son rythme, chacun son questionnaire et surtout chacun son chemin. À Vigy, un grand labyrinthe végétal se donne pour mission de faire passer un moment tortueux, mais agréable à chaque membre d'une grande famille. Sur plusieurs kilomètres, les aventuriers déambulent dans les allées d'un immense champ de maïs. Pour s'en sortir, il convient d'avoir un bon sens de l'orientation, une certaine logique ainsi qu'une bonne culture générale. En effet, de nombreux panneaux jalonnent le parcours et permettent de remplir des questionnaires. La mission ? Sortir du labyrinthe en ayant répondu à toutes les questions. Trois thèmes sont proposés aux adultes, un thème s'adresse aux ados, trois niveaux sont réservés aux enfants. Un coloriage permet aux plus petits de participer également. Rassurez-vous, tout le monde finit par ressortir de ce grand labyrinthe. Avec un grand sourire et les méninges bien usées.

■ VIGY VELORAIL

Gare de Vigy
✆ 06 84 45 37 70
https://alemftrain.fr
contact@alemftrain.fr

Ouvert d'avril à début octobre. Juillet et août : ouvert tous les jours de 10h30 à 18h15 (dernier départ 17h). Les autres mois : ouvert le week-end et le mercredi après-midi. Réservation obligatoire. Tarif individuel pour un vélorail 5 places : 23 €.

Toute la famille pédale à la même cadence et donc, tout le monde savoure la balade au même rythme. Sur cette ancienne voie ferrée, le vélorail embarque ses occupants au cœur de la forêt pour un aller-retour finalement assez tranquille et bucolique. Pas de panique, il ne convient pas de posséder les mollets d'un coureur du Tour France pour profiter au maximum de cette activité paisible et familiale.

TERRITOIRE DE FORBACH – SAINT-AVOLD

Boulay-Moselle

Emplettes

MACARONS DE BOULAY
13, rue Saint-Avold
✆ 03 87 79 11 22
www.macaronsdeboulay.com
info@macaronsdeboulay.com
Ouvert le lundi de 14h à 19h ; du mardi au samedi de 8h30 à 12h15 et de 14h à 19h ; le dimanche de 9h à 12h. Livraison possible (expédition par colis postal partout dans le monde.Les frais de port pour la France métropolitaine sont offerts à partir de 3 kg).

© MACARONS DE BOULAY

Les Macarons de Boulay.

Qui n'aime pas les macarons dans la famille ? Stoppez ce casse-tête infernal, tout le monde craque forcément pour ces pâtisseries. Seulement, on peut se demander pourquoi ceux de Boulay se distinguent des autres. Une interrogation vite dissipée une fois la première gourmandise mosellane digérée. À Boulay, le macaron est issu d'une structure labellisée Entreprise du Patrimoine Vivant et il apparaît unique dans sa conception. La recette est évidemment secrète mais chaque petit gâteau est dressé individuellement et possède une forme légèrement bombée et aérienne. Bon, trêve de bavardage. Rendez-vous chez la famille Alexandre, là où l'excellence en matière de macarons mosellans prend tout son sens.

Condé-Northen

Se restaurer

DOMAINE LA GRANGE DE CONDÉ
41, rue des Deux-Nieds
✆ 03 87 79 30 50
www.lagrangedeconde.com
lagrangedeconde@wanadoo.fr
Ouvert tous les jours de 12h à 14h30 et de 19h à 22h30. Menus de 35 € à 59 €. Carte : 27 € environ. Menu enfant : 9,50 € (plat+dessert). Plat du jour : 13 €. Terrasse. Animations. Animations médiévales.
Jean-Marie Visilit a transformé l'ancienne ferme familiale en un magnifique hôtel-restaurant. Vous serez charmé par la

Domaine de la Grande de Condé – Condé-Northen.

décoration des lieux raffinée et classique. Côté restaurant, vous découvrirez une cuisine du terroir faite maison, et réalisée avec expertise. L'utilisation des produits locaux est privilégiée, tels que les légumes des Jardins Vitrés, le cochon de lait de la ferme de Diesen ou encore les fromages de la Laiterie d'Elvange. Des spécialités culinaires régionales qui raviront vos papilles. Lieu prisé des réceptions, le restaurant vous accueille également dans ses 6 salles de charme ainsi que le chapiteau et la terrasse durant les beaux jours pour vos banquets, mariages et autres évènements. On ajoutera que la terrasse confère au lieu une ambiance rare qui allie le calme et les plaisirs de la table joliment orchestrés.

Créhange

CONSERVATOIRE AUTOMOBILE

Allée de la Mine
✆ 03 87 00 42 72
www.dufcc.com

Ouvert de mars à novembre. Ouvert le jeudi de 9h à 17h ; le samedi de 7h à 12h. Gratuit.

La mine de charbon de Faulquemont a fermé ses portes en 1974. Pourtant, la salle d'appel au-dessus de l'ancien charbonnage lorrain semble prendre vie. Non pas à cause de quelques fantômes mais plutôt par la présence de 120 princesses. Dans cette ancienne salle d'appel et dans d'autres pièces, un véritable musée de l'automobile s'étire sur un lieu d'exposition très atypique. Outre des voitures anciennes garées dans tous les coins, on y trouve la reproduction d'un garage d'époque et un atelier réservé encore fonctionnel.

Les plus anciens se prendront donc d'un doux sentiment de nostalgie en cheminant dans ce hangar de collection. Et les plus jeunes découvriront des véhicules qui, pour être présents, doivent remplir deux conditions : avoir plus de trente ans et être encore en état de rouler.

Creutzwald

LAC DE CREUTZWALD

Rue de la Bonne Fontaine

En voici un lieu où il fait bon prendre son temps et flâner en famille. Le lac de Creutzwald et son parc offrent de nombreuses possibilités : sentier botanique, aires de jeux pour les enfants, mini-golf, mini-ferme, boulodrome, club de voile et de pêche… Les abords du lac sont également propices aux piques-niques. Tout pour passer une agréable journée !

Farébersviller

Se restaurer

LA TABLE ALSACIENNE

9, avenue Saint-Jean

✆ 03 87 89 12 01

www.latablealsacienne.com

Ouvert du mardi au vendredi de 11h30 à 13h30 et de 18h30 à 21h ; le samedi de 18h30 à 21h ; le dimanche de 11h30 à 13h30. Carte : 20 € environ. Menu enfant : 9 €.

Le nom du restaurant annonce la couleur. Bienvenue dans un endroit convivial et traditionnel, où le cordon-bleu est confectionné avec du munster et où l'escalope de veau à la crème et aux champignons saura rassasier le plus gros des mangeurs. À la Table Alsacienne de Farébersviller, les assiettes apparaissent remplies, savoureuses... et alsaciennes.

Il convient de ne surtout pas passer à côté des choucroutes, du baeckeoffe aux trois viandes et des grenouilles à volonté du mercredi soir. Pas de panique pour les plus petits estomacs de moins de dix printemps. Un menu enfant leur est réservé avec des mets très classiques.

© LOIC BALLET

Restaurant Toya, Faulquemont.

S'amuser - Sortir

B'FUN PARK
Centre Commercial B'Est
61, avenue Saint-Jean
✆ 03 56 14 00 35
Tarif semaine et dimanche (tarif samedi) : 5 € la partie de bowling (6,50 €), 9 € l'heure de trampoline (11 €), 6 € la partie de laser-game (8 €), 11 € la demi-heure de réalité virtuelle (12,50 €), de 11 € à 18 € d'accès à l'escalade (de 12,50 € à 20 €).
L'ouverture de ce complexe ludique est prévue pour 2021 et force est de constater que les jeunes acrobates trépignent d'impatience. Pour cause, le B'Fun Park s'étend sur 5 500 m² et toutes les activités apparaissent plus amusantes les unes que les autres. Ici, du bowling, là, du trampoline. De ce côté, un parcours de laser-game. Là-haut, des murs d'escalade. Sans oublier la réalité virtuelle bien évidemment. Autant dire qu'entre deux séances de shopping dans le grand centre commercial d'à côté, il deviendra très vite essentiel d'aller se dépenser dans ce grand temple du fun et des acrobaties.

Faulquemont

Se restaurer

TOYA – LOÏC VILLEMIN
Avenue Jean-Monnet
✆ 03 87 89 34 22
toya-restaurant.fr
reservations@toya-restaurant.fr
Maître Restaurateur. 1 étoile au Guide Michelin. Ouvert du mercredi au samedi le midi et le soir ; le dimanche midi. Réservation recommandée. Menus de 52 € à 130 €. Vin au verre. American Express. Terrasse. Boutique.
Partez en famille à la rencontre de Loïc Villemin ! En accord avec sa personnalité, ce grand chef mosellan concocte à tous les gourmets une cuisine recherchée et créative. La salle offre une vue magnifique sur le golf et la carte révèle une suite de plaisirs. Les plats se déclinent et exaltent les sens, avec une mention spéciale pour les légumes ! Loïc Villemin est passionné par le végétal et nous livre sa maîtrise. De quoi convaincre les petites têtes blondes qui rejettent les carottes râpées ou le chou-fleur. Une adresse toutefois réservée aux adeptes de cuisine raffinée.

Forbach ★

A voir - A faire

CHÂTEAU DU SCHLOSSBERG ★
15, rue du Parc
✆ 03 87 85 02 43
www.paysdeforbach.com
contact@paysdeforbach.com
Fermé du 16 octobre au 14 avril. Roseraie ouverte de mai à septembre. De mi-avril à mi-juin et de mi-septembre à mi-octobre : mercredi, samedi, dimanche et jours fériés de 14h à 18h. De mi-juin à mi-septembre : mercredi, jeudi et vendredi de 15h à 18h, samedi, dimanche et jours fériés de 14h à 18h. Gratuit jusqu'à 6 ans. Adulte : 3 € (tarif réduit : 2 €). Enfant (de 7 à 16 ans) : 1 €. Accès libre au parc toute l'année. Visite guidée (sur demande).

Situé dans le parc de Schlossberg, le château surplombe fièrement la ville de Forbach. Sa majestueuse tour de 28 mètres, construite en 1891, offre un panorama exceptionnel sur les alentours. Tombé dans l'oubli après la Révolution française, il faudra attendre son nouveau propriétaire, Gustave Adt, en 1886, pour restaurer ce vestige du Moyen Âge.
Éléments de défense, base du donjon carré, qui a une hauteur de 8 mètres, meurtrières, tour ronde, etc. sont autant de trésors, qui constituent à présent notre héritage. Une histoire qui se raconte très facilement à tous car l'ensemble se révèle diablement bien conservé. La salle des chevaliers, récemment restaurée, donne un aperçu de la magnificence du château. Il abrite régulièrement des expositions temporaires. Explosion de couleurs et de senteurs, le parc du Schlossberg éveillera vos sens. Au détour d'un sentier vous admirerez entre autres des hêtres, des chênes et des ginkgos biloba. Passant ainsi de l'Europe à un monde plus exotique grâce aux 80 sortes d'arbres. Cette richesse fait de lui un véritable chef-d'œuvre arboricole reconnu par l'ONF. Au milieu de cet écrin de verdure, des animations musicales et festives vous accompagneront durant vos balades en famille.

Freyming-Merlebach ★

■ CARRIÈRE DE FREYMING-MERLEBACH

Carrière Barrois

Pour tous renseignements, contacter l'office de tourisme de la commune de Freyming-Merlebach au 03 87 90 53 53.

Les États-Unis possèdent le Grand Canyon. La Moselle exhibe sa Carrière Barrois. Deux mondes différents ? Pas si sûr. Évidemment, on ne compare pas le gigantisme américain aux paysages qui entourent Freyming-Merlebach. Seulement, il faut bien admettre que le gigantesque cratère artificiel de la carrière Barrois fait complètement penser aux canyons américains. De quoi offrir un soupçon d'Oncle Sam à toute une famille sans débourser le prix d'un billet d'avion au-dessus de l'Atlantique.

Château du Schlossberg – Forbach.

Sept kilomètres de pistes et de chemins proposent aux amoureux de la nature de découvrir de grandes falaises de grès rose ou des plans d'eau bucoliques. En réalité, ce paysage curieux en Moselle résulte d'une nature qui a repris ses droits sur d'anciens sites industriels. Les grandes pentes vertes dans lesquelles les enfants aiment se jeter ? Ce sont d'anciens schistiers que l'herbe a reverdis. Au départ du parking de l'Hôtel communautaire, de la cité Sainte-Fontaine, de la roseraie ou de l'entrée de la forêt du Warndt, vous trouverez beaucoup de sentiers. Certains sont même aménagés pour les bicyclettes ou les chaises roulantes.

Gomelange

■ LA VIEILLE MAISON DE GOMELANGE

10, rue de l'Église
✆ 03 87 35 74 48
vieillemaison.free.fr
vieillemaison@free.fr
Ouvert de mi-juin à fin septembre. Ouvert le dimanche de 14h à 18h. Accueil des groupes toute l'année sur rendez-vous. Gratuit jusqu'à 12 ans. Adulte : 3,50 €. Visite guidée (en semaine sur réservation uniquement).

Un lieu de mémoire du mode de vie d'autrefois. Un saut dans le temps qui s'effectue, pour les plus jeunes, en franchissant le pas de la porte de cette maison lorraine typique. C'est peu dire qu'à Gomelange, on s'est acharné à rendre crédible un voyage dans le passé. Des bénévoles se sont relayés durant des années pour redonner vie à cette vieille bâtisse paysanne qui date de 1710. Maçonnerie, toiture, poutres, aménagement intérieur… Désormais, la maison se visite et elle exhibe un tas de mobilier ancien et d'objets d'autrefois. Le four à pain ou le puits situé à l'arrière ne manqueront pas de surprendre les jeunes lorrains d'aujourd'hui.

Grostenquin

Emplettes

■ LA GRANGE AUX HERBES

ZA des Eglantiers ✆ 03 87 01 70 20
www.lagrangeauxherbes.com
savonnerie.artisanale@orange.fr
Ouvert du lundi au jeudi de 10h à 17h.

Dans une famille, il est courant de voir s'empiler les produits sur le bord de la douche ou de la baignoire. Untel préfère le savon authentique et dur, l'autre privilégie le gel liquide et on ne parle même pas des différents parfums. Afin de mettre tout le monde d'accord, la famille Loncar propose depuis plus de trois décennies une large palette de produits pour tout le monde. Tous les savons ou cosmétiques sont produits de manière artisanale et chacun trouvera son bonheur à la Grange aux Herbes. Sur rendez-vous, il est possible de visiter la savonnerie et de tout connaître de la fabrication du savon.

Harprich

Sports / loisirs / activités

■ ÉTANG DE LA MUTCHE

Rue de Mohrange
✆ 03 87 86 21 58
Basse saison : ouvert le week-end et les jours fériés de 10h à 19h. Haute saison : tous les jours et les jours fériés de 10h à 20h. Entrée : 2 € (pour la piscine). Gratuit pour les enfants de moins de 3 ans. Restauration.

Le transat est planté dans le sable, la baignade est surveillée et le livre à peine entamé se révèle plus passionnant qu'à l'accoutumée. Pour cause, il s'accompagne d'une grosse dose de dépaysement et d'un intense soupçon, de tranquillité. Bienvenue au bord de l'étang de la Mutche. Une sorte de Côte d'Azur mosellane sans la mer ni les embouteillages. En plus d'une jolie plage de sable fin, le site propose des activités dignes d'un vaste centre de vacances. Des terrains de sport (basket, football, volley…) pour les sportifs, des chemins de randonnée pour les promeneurs à pied ou à vélo ou encore un observatoire à oiseaux pour les curieux. Forcément, le plan d'eau et ses 160 hectares de verdure se posent comme un lieu d'accueil idéal à des balades en bateaux à pédales ou à des barbecues en famille. Enfin, la Mutche propose des aires de jeux détonantes pour de petits aventuriers qui prendront à coup sûr d'assaut un château fort installé tout récemment.

Hombourg-Haut

SUR LA CITÉ MÉDIÉVALE DU VIEUX HOMBOURG

Petite ville de quelques 7 000 habitants, le boum industriel de la métallurgie du XVIIIe siècle et les cités minières des années soixante ont transformé Hombourg-Haut, qui n'était qu'un village. Mais quel village ! Les origines de cette bourgade remontent au XIIe siècle au dernier comte de Hombourg, ce ne fut que le début de ce qui deviendra une cité médiévale fortifiée pour laquelle se sont disputés bien des évêques, nobles et autres dirigeants de Lorraine. C'est Jacques de Lorraine qui érigea ce qu'on appelle aujourd'hui le vieux Hombourg, riche des vestiges et de la gloire du passé.

Le patrimoine est exceptionnel : la collégiale Saint-Étienne (XIIIe siècle) et la chapelle Sainte-Catherine construite entre 1250 et 1270 sont classés monuments historiques, les autres sites ne sont pas en reste et illustrent à merveille le rôle de cette authentique cité, assurer un refuge aux populations de toute la région et montrer la toute-puissance de l'Église. Pour découvrir le vieux Hombourg, suivez le parcours pédestre partant de la place Jacques de Lorraine.

Landroff

LA FERME BEL AIR

9, rue en Sarrelouis
✆ 03 87 86 15 65
www.fermebelair.fr
contact@fermebelair.fr
Ouvert du mercredi au samedi.

Ce que l'on met dans son panier, du côté de la ferme Bel Air de Landroff, on le doit bien à dix générations d'agriculteurs. Autant dire que le poids du shopping local peut vite peser très lourd. Dans la boutique de cette ferme, il existe mille raisons de craquer et chaque achat est certifié « bio ». Cela peut être un choix classique comme des pois cassés, de la farine de blé universelle ou de l'huile de tournesol. Aussi, l'achat peut prendre une tournure bien plus insolite. Un savon noisette-agrumes pour la douche ? Une huile de noix pour la salade ? Ou surtout ces improbables graines de courges caramélisées. Quel que soit le contenu du panier, chaque produit possède une histoire fermière et locale.

Longeville-lès-Saint-Avold

CHAMP'ÊTRE

Zac du Heckenwald
© 03 54 81 91 57
www.champ-etre.fr
contact@champ-etre.fr
Ouvert du mercredi au vendredi de 10h à 18h30 ; le samedi de 10h à 17h.

Champ'être est un magasin fermier. C'est-à-dire que les étals sont remplis par les producteurs du coin et puis c'est tout. Pas de légumes du bout du monde ou de fromage industriel. Dans la ZAC du HeckenWald à Longeville-les-Saint-Avold, toute la famille trouvera son bonheur parmi les viandes, charcuteries, légumes frais, produits laitiers ou boissons, proposés par les fermiers et agriculteurs de la région.

Oberdorff

MAISON LORRAINE D'OBERDORFF

Musée des collections,
des arts et traditions
8, place de la Fontaine
© 03 87 78 43 67
Ouvert tous les dimanches du 1er mai jusqu'à fin octobre. En semaine durant les autres mois de l'année, sur rendez-vous uniquement. Haute saison : ouvert le samedi de 14h30 à 18h30. Adulte : 5 €. Enfant (jusqu'à 10 ans) : 2 €. De mi-décembre à mi-janvier : exposition de crèche de Noël (avec santons de Provence), 2 € par personne. Vin chaud et biscuits maison offerts. Visite guidée (comptez 2 heures environ).

Au cœur d'un hameau niché dans un creux de verdure, la Maison lorraine fait face à l'adorable fontaine du village. Son histoire remonte au XVe siècle. À l'origine, il s'agissait d'une ancienne ferme qui appartenait aux moines de l'ordre des Chartreux de Rettel. Acheté en 1978 par Marie-Rose Stallknecht, cet édifice fut restauré avant d'ouvrir ses portes au public en 1991. La maîtresse des lieux est un personnage haut en couleur, une collectionneuse passionnée par les vieux objets ! L'intérieur d'une maison lorraine traditionnelle y est fidèlement reconstitué, avec l'admirable pièce voûtée et son pilier de pierre. Pendant 40 ans, Marie-Rose a accumulé des milliers d'objets typiquement lorrains, utilisés par nos ancêtres au quotidien. Son fils, quant à lui, maîtrise l'art de la ferronnerie avec talent. Tout au long d'une visite guidée enrichissante, découvrez mille et une trouvailles de collectionneur : faïences de Lorraine, chapelets, bénitiers, poupées en porcelaine, santons, peintures sous verre, costumes, coiffes et chapeaux d'époque, photographies anciennes, plaques (ou contrecœurs) de cheminée et tant d'autres meubles typiques du Pays de Nied.

La savonnerie artisanale La Grange aux Herbes – Grostenquin.

Petite-Rosselle

LA MINE WENDEL
Parc Explor Wendel
https://parc-explor.com
Gratuit jusqu'à 6 ans. Adulte : 8 € (combiné avec le musée Les Mineurs : 12 €). Enfant (de 6 à 18 ans) : 4 € (combiné avec le musée Les Mineurs : 6 €). Visite guidée (départ à 11h, 14h et 16h).
Sur les traces de l'Or noir de Moselle, la mine de Wendel vous invite à une véritable immersion dans le quotidien des mineurs. Comme les « gueules noires », montez dans la cage, cette sorte d'ascenseur qui permettait de descendre au fond de la mine, et partez explorer ce monde souterrain. Sainte Barbe, la patronne des mineurs, vous accueillera à l'entrée des galeries. Sur votre parcours, des machines monumentales et du matériel sont mis en situation pour rendre encore plus sensible les tâches quotidiennes des mineurs. Une visite guidée passionnante qui ravira petits et grands, à coupler avec celle du musée Les Mineurs Wendel !

MUSÉE LES MINEURS WENDEL
Parc Explor Wendel
✆ 03 87 87 08 54
www.musee-les-mineurs.fr
Label Accueil Vélo. Ouvert toute l'année. Fermé le 1er janvier, 1er mai, les 24, 25, 26 et 31 décembre. Du mardi au dimanche de 9h à 18h. Gratuit jusqu'à 5 ans. Adulte : 8 €. Visite combinée (musée et mine) : 12 €. Visite guidée (de la mine à 11h, 14h et 16h).
Sur le Parc Explor Wendel, le musée des Mineurs Wendel est un pilier. Un vrai complément à la visite de la mine. Situé dans l'ancien bâtiment administratif de l'exploitant minier Wendel, ce musée présente le quotidien du mineur et il permet aux futurs adultes de comprendre un passé qui a largement transformé le paysage. Le visiteur déambule dans les anciens bains-douches, les vestiaires, la lampisterie ou encore les vieux locaux syndicaux. Le bâtiment n'est plus en service depuis la fin de l'activité du site en 1986 mais la muséographie mise en place aujourd'hui lui donne clairement une nouvelle vie. Cet espace de mémoire industrielle s'adapte à tous les publics. Des panneaux pour ceux qui aiment la lecture et, pour les autres et particulièrement les plus jeunes, une foule d'objets types du quotidien minier. La vie du site peut également être racontée, sur rendez-vous, par un ancien mineur. Difficile de faire plus authentique

Rosbruck

AUBERGE ALBERT MARIE
1, rue Nationale
✆ 03 87 04 70 76
www.restaurant-forbach.fr
Ouvert du mardi au vendredi de 12h à 14h et de 19h à 21h ; le samedi de 19h à 21h ; le dimanche de 12h à 14h. Menus de 45 € à 53 €. Menu enfant : 15 €. Formule du midi : 22 €.
Bien manger avec des produits simples. Entre les murs de l'auberge Albert Marie, le décor apparaît rustique et la cuisine traditionnelle. Comprenez que le chef y

cuisine à merveille le foie gras de canard, l'espadon ou le mignon de veau. Sa force finalement, c'est de rendre ces mets communs uniques grâce à un savoir-faire que l'on sent rodé par la transmission, le terroir et l'expérience. Les enfants sont bien sûr invités à la table grâce à un menu qui leur est dédié. Une escalope ou du poisson avec des pâtes ou des frites. Ça paraît simple mais, quand c'est préparé par un grand chef, ça devient tout de suite un petit repas bistronomique.

Saint-Avold ★

A voir – A faire

CENTRE DES ARCHIVES INDUSTRIELLES ET TECHNIQUES DE LA MOSELLE
Rue du Merle
✆ 03 87 78 06 78
Ouvert le mercredi et le jeudi de 8h30 à 16h45. Le reste de la semaine sur rendez-vous.
Marre des recherches sur des moteurs de recherche Internet ? Au Centre des archives industrielles et techniques de la Moselle, les documents anciens s'étendent sur neuf kilomètres. Autant dire que pour préparer un exposé ou un travail autour de l'histoire industrielle de la région, cet espace se pose comme le lieu idéal. Des papiers, des photographies ou des films s'entassent ici à propos des anciennes techniques industrielles ou de la fameuse épopée du charbon.

LORRAINE AMERICAN CEMETERY ★★
Avenue de Fayetteville
✆ 03 87 92 07 32
Voir page 9.

Spicheren

HAUTEURS DE SPICHEREN
Rue des Hauteurs
www.spicheren.com
Ouvert toute l'année. De 7h à 23h. Gratuit.
Une visite à la fois militaire, mémorielle et naturelle. Sur les hauteurs de Spicheren, aux abords de Forbach, il existe un site où l'histoire des guerres les plus récentes se raconte mieux que nulle part ailleurs. La guerre de 1870 d'abord, exactement là où l'armée française fut mise en déroute pour la deuxième bataille du conflit face à la Prusse. Ce 6 août 1870, les escarmouches firent 9 000 victimes. La Seconde Guerre mondiale, ensuite. Sur les hauteurs de Spicheren, le 21 février 1945, Allemands et Américains s'affrontèrent à deux pas de la frontière franco-germanique d'aujourd'hui. Par ailleurs, pour l'anecdote, c'est à l'endroit même où se dresse dorénavant un char américain qu'Adolf Hitler a prononcé son discours de Noël à la nation allemande, par radio, en 1939. Toutes ces histoires de la grande Histoire prennent sens, notamment auprès des plus jeunes, sur un site qui offre un panorama saisissant et qui abrite encore quelques anciens monuments militaires et un cimetière allemand de la Seconde Guerre mondiale. Et puis, comme une sortie en famille ne peut se limiter à un cours d'histoire, une aire de jeux pour enfants est installée sur le site et des associations ont posé des nichoirs à oiseaux qui ne manqueront pas d'interpeller les plus petits. L'office de tourisme de Forbach a développé, sur ce site, un parcours ludique spécialement destiné aux enfants. Il convient pour le découvrir de s'équiper de la fiche Randoland accessible à l'office de tourisme ou sur le site web www.paysdeforbach.com.

TERRITOIRE DE SARREGUEMINES – BITCHE

Baerenthal

A voir – A faire

■ **ÉTANG DE BAERENTHAL**
✆ 03 87 06 62 30
mairie.baerenthal@wanadoo.fr
Ouvert toute l'année. Gratuit.
Deux activités se sont face sur les berges de l'étang de Baerenthal. La pêche et la baignade. Bonne nouvelle, cela suffit largement pour occuper toute une famille lors d'une belle journée d'été. Certains prendront donc une carte de pêche journalière histoire de taquiner le goujon en famille quand d'autres préféreront la base de loisirs. Là, la plage de Ramstein permet une baignade sur deux hectares et les activités autour du site ne manquent pas. Des bateaux à pédales, une aire de pique-nique, un terrain de beach-volley, des courts de tennis, un boulodrome, aires de jeux pour les plus petits... À Baerenthal, quand le soleil pointe le bout de son nez et ses rayons, il n'existe aucune excuse pour s'ennuyer.

Se restaurer

RESTAURANT L'ARNSBOURG ★
18, Untermuhlthal
✆ 03 87 06 50 85
www.arnsbourg.com
contact@arnsbourg.com
Maître Restaurateur. Ouvert du mercredi au dimanche de 12h à 13h30 et de 19h15 à 21h. Fermé : 1er-21 janvier, 27 juillet-11 août, 12-20 octobre. Réservation recommandée. Menus de 79 € à 139 €. Carte : 46 € environ. Formule du midi : 49 € (en semaine). Vin au verre. Formules « 18-35 ans » et « senior + 60 » : 100 €, boissons incluses (sauf samedis soir, dimanches et jours fériés). Une étoile Michelin. Accueil des groupes. Terrasse.
Quitte à apprendre à bien manger, autant le faire chez un apôtre de la cuisine d'exception. Chez Fabien et Laure Mengus, ce sont les saisons qui donnent le ton des menus, et le chef qui choisit ses producteurs. À première vue, on se situe là dans un endroit de luxe peu accessible aux plus jeunes. Mais faut-il être adulte pour apprécier les mets délicats et la cuisine raffinée ? À l'Arnsbourg, le chef Mengus sert le foie gras en trilogie et la langoustine en déclinaison. Comprenez que pour découvrir ces bons produits, il n'existe certainement pas de meilleure adresse. En outre, le service est assuré avec tout le soin et les apparats incontournables des grandes tables françaises.

Emplettes

■ **L'ATELIER FARINÉ**
11, rue Principale
✆ 03 87 06 25 78
Ouvert le mardi, le mercredi et le vendredi de 6h à 12h et de 14h à 18h ; le jeudi de 6h à 12h ; le samedi de 6h à 12h et de 14h à 17h ; le dimanche de 7h à 11h30.

Une boulangerie d'époque remise au goût du jour par de jeunes phénomènes de la pâte à pain. Le tout dans la rue principale d'un petit village de l'Est mosellan, derrière la vitrine d'une boutique abritée dans une grande maison lorraine. Voilà pour le décor. Le goût ? Il est celui du pain d'autrefois et des petits gâteaux du terroir. Rien de surprenant à voir cette enseigne porteuse du label Qualité MOSL. Par ailleurs, dans un contexte où les petits commerces ont parfois du mal à survivre, cet atelier fariné propose quelques articles d'épicerie bienvenue.

Bitche ★

A voir – A faire

CHÂTEAUX DU PAYS DE BITCHE

Visite libre.

Prendre l'assaut de deux châteaux d'un coup réclame un peu d'investissement, de belles baskets et un certain engouement familial. Pourtant, la grimpette en vaut la chandelle. Depuis Philippsbourg, un itinéraire fléché permet de découvrir les ruines du château du Falkenstein puis celles du château du Helfenstein. Le premier nommé est le plus important du Pays de Bitche. Les chevaliers en herbe adoreront déambuler dans des ruines qui laissent deviner un intense passé médiéval. Aussi, le Pays de Bitche compte d'autres ruines de châteaux forts. Pour les aficionados de tours et de meurtrières, on conseille d'autres randonnées pédestres. Vers le château du Waldeck à Eguelshardt, le château du Ramstein à Baerenthal ou vers le Weckersburg à Walschbronn.

CITADELLE DE BITCHE ★★

Rue de Bombelles

✆ 03 87 96 18 82

Voir page 11.

Château du Falkenstein – Philippsbourg.

Se restaurer

HÔTEL-RESTAURANT LE STRASBOURG

24, rue Teyssier
✆ 03 87 96 00 44
www.le-strasbourg.fr
le-strasbourg@wanadoo.fr
Ouvert du mercredi au samedi le midi et le soir ; le dimanche midi. Menus de 40 € à 88 €.
Ouvrez les yeux et échauffez vos papilles. Car se trouver attablé au Strasbourg, c'est prendre une rasade de terroir et de saveurs. Installé à Bitche, le chef allemand Lutz Janisch propose une cuisine qu'il revendique créative à souhait. Summum de l'expérience ? Opter pour le menu surprise de huit plats. Chacun se retrouvera alors très surpris de constater qu'on peut déguster des plats surprenants avec des produits issus des fermes d'à côté. Le côté local est même poussé jusqu'aux herbes et épices qui viennent du jardin de l'établissement. Les petits gourmands pourront vivre au Strasbourg une expérience assez exigeante pour le palais mais forcément inoubliable.

Sports / loisirs / activités

ÉTANG DE HASSELFURTH

www.ville-bitche.fr
Ouvert toute l'année. Tous les jours. Gratuit.
Un secret que les habitants du secteur auraient certainement aimé garder pour eux. Le secret de connaître, à seulement deux kilomètres de Bitche, un endroit calme, forestier et verdoyant, idéal pour les activités les plus paisibles et les plus agréables. Oui, mais voilà, un lieu pareil mérite d'être connu de tous. L'étang de Hasselfurth, puisque c'est de lui dont on parle, est un espace que l'on croirait inventé pour illustrer le terme « *tranquillité* » dans tous les dicos de langue française. En famille, cette expérience près de Bitche peut donner lieu à un programme plus que complet. Randonnées pédestres équestres ou cyclables, déjeuner à l'auberge du lac,

Parcours dans les arbres à Tepacap, Bitche.

© CD57

Parc archéologique européen de Bliesbruck-Reinheim.

pique-niques sur des équipements dédiés, loisirs sur des aires de jeux… De plus, les aficionados de sensations fortes pourront s'éclater dans les arbres du parc TEPACAP.

TÉPACAP !

Étang de Hasselfurth
✆ 03 87 06 40 00
www.tepacap-bitche.fr
infos@tepacap-bitche.fr

Basse saison : ouvert le mardi, le samedi, le dimanche et les jours fériés de 10h à 18h. Haute saison : tous les jours et les jours fériés de 9h30 à 19h. Entrée : 12 €. Accrobranche : 10 €. Lasergame : 13 € pour une heure. Restauration. Boutique.

Sous les arbres, le « nirvana » de la jeunesse et de l'amusement. S'il fallait lister toutes les activités proposées par le parc multi-loisirs de Bitche, il conviendrait de vider en entier une cartouche d'encre. À Tépacap, même le nom des attractions donne envie d'y plonger à pieds joints. Tédanlnoir ? Un labyrinthe en trois dimensions. Tégonflé ? Un immense dôme gonflable pour sauter à tout va. Tépiénu ? Des sentiers à parcourir sans chaussures sur plus de vingt surfaces différentes. Tépamaboul ? Des jeux d'adresse et de précision. Tépasipti ? Un univers de jeux pour les 3-10 ans avec de tortueux jeux de pistes. Mais la vraie marque de fabrique du parc Tépacap, c'est bel et bien l'activité accrobranche. Baptisée Téaccro, elle propulse les familles ou groupes d'amis dans les arbres grâce à une dizaine de parcours progressifs selon les âges et le niveau. Enfin, Tépacap propose également un grand terrain de jeux pour la pratique d'un vaste laser game outdoor. Vous êtes cap ?

Bliesbruck

A voir – A faire

PARC ARCHÉOLOGIQUE EUROPÉEN DE BLIESBRUCK-REINHEIM ★

1, rue Robert Schuman
✆ 03 87 35 02 20
Voir page 10.

Hottviller

LA TABLE DE VÉRO

1, rue de Volmunster
✆ 03 72 29 03 54
www.latabledevero.com

Ouvert le lundi de 10h à 14h ; le jeudi de 10h à 14h et de 17h à 23h ; le vendredi de 10h à 14h et de 17h à 0h ; le samedi de 17h à 0h ; le dimanche de 10h à 15h et de 17h à 1h. Carte : 17 € environ. Menu enfant : 8 €.

De la terrine de canard, une salade paysanne, un pavé de veau à la crème ou encore un cordon bleu de saumon. Vous avez compris l'idée ? À la Table de Véro, on s'y arrête pour manger simple, manger local et surtout pour bien manger. Les plats proposés apparaissent plutôt classiques mais les assiettes ont tendance à déborder. Un espace avec des canapés est prévu pour les enfants et, niveau du menu, ces derniers n'auront pas à se plaindre avec un dessert composé de deux boules de glace de la ferme. Régulièrement, ce restaurant accueille des événements plutôt conviviaux tels que des repas paysans ou des rencontres entre collectionneurs de voitures.

Meisenthal

A voir - A faire

SITE VERRIER DE MEISENTHAL

Place Robert-Schuman
✆ 03 87 96 91 51
www.site-verrier-meisenthal.fr
contact@ciav.fr

Ouvert durant la saison de noël. Ouvert du 1er avril au 31 octobre du mercredi au lundi et les jours fériés de 14h à 18h. Adulte : 6 €. Groupe (10 personnes) : 5 € (par personne). Tarif réduit (jeune de moins de 18 ans ou étudiant) : 3 €. Pass famille, 2 adultes + enfant(s) : 14 €. Visite guidée (groupe ou individuel, comptez 1h45 pour la visite du site verrier : musée + démonstration des souffleurs.).

Site verrier de Meisenthal.

Bienvenue dans une nouvelle galaxie, celle du verre ! Enfin, pas si nouvelle que ça car, à Meisenthal, on travaille le verre depuis un bail. Pour preuve, le Centre international d'Art Verrier a pris place sur le site d'une ancienne verrerie qui fonctionnait entre 1704 et 1969. La visite peut durer plus ou moins longtemps selon les envies de chacun mais le centre comporte quelques incontournables. À commencer par les démonstrations de soufflage de verre avec leurs flammes et leur chaleur. Un atelier qui ne manque pas, à chaque fois, d'écarquiller tout en grand les yeux des plus petits. Autre lieu qu'il convient de ne pas manquer : l'observatoire. Un dispositif curieux de trois gros containers superposés qui offre une vue imprenable sur tout le site verrier. En plus, cet observatoire présente l'histoire de ce site industriel, depuis les prémices de 1704. Enfin, il est impossible de terminer une visite du Centre international sans passer par la boutique ne pas craquer pour une mythique boule de Noël. Reste à voir quel membre de la famille aura le dernier mot quant à la forme et la couleur de l'objet qui prendra place sur le sapin du salon.

Petit-Réderching

LE RANCH DES BISONS

Judenhof
3, ferme du Grand Niedeck
✆ 06 72 79 50 16
http://ranchdesbisons.com
contact@ranchdesbisons.com

Fermé d'octobre à avril. Haute saison : ouvert tous les jours. Visites tous les jours en été, trois horaires (10h, 14h et 17h) le reste de l'année (groupes et scolaires) sur réservation seulement. Durée 1h environ. Adulte : 6 €. Enfant (de 4 à 12 ans) : 5 €. Groupe (10 personnes) : 5 €. Location pour 4 à 6 personnes, prix à la semaine. A partir de 390 € en basse saison et 410 € en haute saison. Prix week-end, du vendredi au dimanche, hors vacances scolaires : 190€. Chèque Vacances. Label Tourisme & Handicap. Gîte accessible aux personnes à mobilité réduite, mais pas les visites. Restauration (uniquement les week-ends ou en période de vacances scolaires).

Le safari qui prend son départ au cœur du Bitcherland, à Petit Rederching, n'a pas grand-chose de banal. Au bord d'un camion militaire, l'aventure proposée prend la direction de la curieuse vallée des bisons. Là-bas, un animal mythique du continent américain vit tranquillement sa vie sans se soucier outre mesure du visiteur. Le bison, si éclatant et si fort, ne manque pas d'impressionner chaque passager du camion. L'expérience au Ranch des Bisons ne se limite pas à ce moment pédagogique autour du bovidé géant. Il est possible de goûter des produits autour du bison dans une boutique et il est même possible de passer une nuit insolite dans l'un des quatre gîtes du domaine. Chacun d'entre eux propose une vue imprenable sur le ranch… et sur les bisons. Une expérience inoubliable pour des tout petits qui seront forcément impressionnés et fascinés de voir des bisons d'aussi près.

Philippsbourg

SABOTERIE PETRAZOLLER

4, Route de Bitche
✆ 03 87 06 56 71
www.laboutiquedusabot.fr
saboteriepetrazoller@gmail.com

Ouvert du lundi au vendredi de 9h à 12h et de 14h à 18h.

Manuel Petrazoller est l'un des derniers sabotiers de la région et il invite les visiteurs à découvrir son passionnant métier de façon ludique et instructive. Devant eux, il réalise des sabots de bois, dans la plus pure tradition alsacienne. Cette activité vouée à disparaître prendra forcément un côté très insolite pour les petites têtes blondes. Aussi, il existe mille et une raisons de craquer pour une paire de sabots à la boutique. Pour les enfiler évidemment mais aussi pour décorer sa maison ou son appartement.

Puttelange-aux-Lacs

A voir – A faire

LE JARDIN DE LULU
12, rue du Nachtrecht
✆ 06 17 21 76 72 – www.ferfolie.fr
info@lejardindelulu.eu
Ouvert le lundi de 14h à 18h ; le mercredi de 9h à 12h et de 14h à 18h ; le samedi de 9h à 12h. Gratuit.

© LE JARDIN DE LULU

Le Jardin de Lulu – Puttelange-aux-Lacs.

Rarement, il n'est aussi plaisant de se perdre. Dans les dédales du Jardin de Lulu, il convient de déambuler sans but et sans repère. Au bout des chemins, rendez-vous avec des créations magiques et surprenantes. Des biches en fer, des créations florales, des créatures féeriques… Cet endroit offre aux petits et grands une bulle de rêve et de douceur. Et puis, une fois le périple terminé, il convient de se rendre à l'atelier des propriétaires afin de rapporter chez soi une part de ces songes merveilleux. La boutique Ferfolie propose en effet nombre d'éléments de décoration de jardin à emporter. Avant de visiter le Jardin de Lulu, il est conseillé de passer un coup de téléphone pour une réservation.

Sports / loisirs / activités

ETANG DE DIEFENBACH
Rue du Lac, Diefenbach-les-Puttelange
✆ 06 76 65 31 64
http://campingdiefenbach.over-blog.com
campingdiefenbach@orange.fr
L'étang de Puttelange est ouvert à la baignade, à la pratique de la voile, de la planche à voile et au canotage. Vous avez dit idéal pour les familles ? Un camping y est attenant et propose de multiples activités et services à ses usagers : location de canoës ou bateaux à pédales, terrain de pétanque ou de volley, tables de ping-pong, aires de jeux pour enfants, dépôt de pain et épicerie, pêche, animations périodiques avec restauration, possibilités de randonnées pédestres ou à vélo autour du lac et dans la région. Si l'envie prend aux plus férus d'histoire de faire un tour au centre-ville : la chapelle Sainte-Croix recèle un bel autel baroque et des boiseries du XVIIIe siècle classés aux monuments historiques.

© LE FORT CASSO

Bloc III, Le Fort Casso, Rohrbach-lès-Bicthe.

Rohrbach-lès-Bitche

A voir - A faire

■ LE FORT CASSO ★
84, route Départementale
✆ 03 87 02 70 41
www.fortcasso-maginot.com
fort.casso@wanadoo.fr
Ouvert toute l'année. Sauf Noël et jour de l'an. Du 15/03 au 15/06 visites guidées tous les jours à 15h. Du 16/06 au 31/08 : visites guidées du lundi au vendredi à 10h, 14h et 16h ; visites guidées les samedis à 15h, dimanches et jours fériés à 15h et 16h. Du 01/09 au 15/09 visites guidées du lundi au vendredi à 15h ; visites guidées les samedis à 15h, dimanches et jours fériés à 15h et 16h. Du 16/09 au 15/11 visites guidées tous les jours à 15h. Gratuit jusqu'à 5 ans. Adulte : 7 €. Enfant (de 5 à 14 ans) : 3 €. Du 16/11 au 30/11 visites guidées les samedis et dimanches à 15h. Du 01/12 au 15/03 visites guidées les 1ers week-end du mois et les dimanches à 15h. Tarif réduit 6 € (Pass Lorraine, Groupe). Visite guidée (prévoir des vêtements chauds : température intérieure 13° toute l'année et des chaussures de marche pour la visite de l'ouvrage. Durée de la visite : 2h).

Avec ses trois blocs de surface (tous visitables) dont deux de combats, cet ouvrage d'infanterie de la ligne Maginot était le gardien du plateau de Rohrbach. Pas besoin de faire un dessin aux enfants, ils vont ici tout comprendre des enjeux de la ligne Maginot. Ils découvriront au Fort Casso une véritable petite ville souterraine enfouie avec tous les équipements nécessaires à la vie des 173 hommes de l'ouvrage. Deux heures de visite embarque chaque curieux dans le casernement, les soutes à munitions, les dortoirs, la cuisine et même dans un bloc de combat. Là, il est possible de participer à la manœuvre d'une tourelle de 135 tonnes ! Compliqué de faire plus authentique. Avant ou après votre visite familiale, il est possible, à l'extérieur, de se promener sur un sentier pédestre entre les différents blocs de combat.

Emplettes

S'BIOGESCHÄFT

4, rue Pasteur © 03 87 02 65 24

Ouvert du mardi au vendredi de 9h à 18h ; le samedi de 9h à 12h ; le dimanche de 8h à 12h.

C'est bio, c'est local, c'est ouvert le dimanche matin. Du côté de Rohrbach-les-Bitche, le magasin S'Biogeschäft cumule les bonnes raisons d'y passer un petit moment. Cette enseigne se présente comme une épicerie bio et elle permet à la fois de répondre aux besoins du quotidien mais aussi de découvrir pas mal de produits écolo. Concrètement, on y trouve du fromage, de la viande, des œufs ou des fruits mais aussi des pailles en verre, des gourdes, des emballages réutilisables… Un joli moyen de faire ses courses familiales avec un esprit responsable.

Saint-Louis-lès-Bitche

A voir – A faire

LA GRANDE PLACE – MUSÉE DU CRISTAL SAINT-LOUIS

Rue du Coëtlosquet © 03 8706 4004
www.saint-louis.com

Ouvert toute l'année. Sauf le 25 Décembre, le 1er Janvier. Du mercredi au lundi de 10h à 18h. Gratuit jusqu'à 5 ans. Adulte : 6 € (coupon donnant droit à un tarif réduit pour le site verrier de Meisenthal et le musée Lalique). Enfant : 3 € (pass famille : 14 € et Pass musée annuel : 11 €). Groupe (10 personnes) : 5 €. Visite guidée de la manufacture : 13 € (7 € tarif réduit). Visite guidée (durée : 1h30, multi-langues). Restauration (à proximité).

Le cristal, ça brille et ça éblouit les yeux de toutes les générations. Parce que ça scintille sur les couronnes des princesses, ça orne les grands chandeliers et ça décore les bijoux les plus prestigieux. Du coup, que diriez-vous d'une visite d'un musée construit dans la plus ancienne des cristalleries françaises ? À Saint-Louis-lès-Bitche, quatre siècles d'un savoir-faire qui fait la fierté de la région se racontent grâce à 2 000 créations. Et, alors que le musée présente quelques pièces emblématiques de la cristallerie de Saint-Louis, il met en évidence 400 ans de progrès et d'innovation technologique. La visite dure un peu plus d'une heure. Un voyage industriel précieux, luxueux et flamboyant.

La Grande Place - Musée du cristal Saint-Louis – Saint-Louis-lès-Bitche.

VERSION NUMÉRIQUE
OFFERTE
Obtenez votre guide numérique en scannant le QR code
ou rendez-vous sur le site
www.ebookfute.com
avec le code avantage
K77J7Z
petit futé
MOSELLE
avec les enfants
MOSL
OFFRE VALABLE JUSQU'À L'ARRÊT DE COMMERCIALISATION DU TITFE EN FRANCE MÉTROPOLITAINE ET DANS LE MONDE ET SOUS RÉSERVE QUE LE NOMBRE DE TÉLÉCHARGEMENTS SOIT INFÉRIEUR OU ÉGAL AU NOMBRE D'EXEMPLAIRES DE GUIDES PAPIER IMPRIMÉS. FORMATS DISPONIBLES POUR SMARTPHONES, TABLETTES, LISEUSES ET ORDINATEURS PC OU MAC.
© PERFECTLAB - SHUTTERSTOCK.COM

Sarralbe

PETIT VEGANNE

3, rue du Colonel Blondel
✆ 03 87 97 00 62
petit-veganne.com
contact@petit-veganne.com
Ouvert du lundi au vendredi de 8h à 16h ; le samedi de 8h à 14h. Commande en ligne. Possibilité de trouver les produits chez des distributeurs.

Allergiques au lactose, vegan ou simplement curieux, découvrez l'alternative végétale Petit Veganne ! Toutes leurs spécialités sont vegan, bio, sans gluten et sont fabriquées sans colorant, sans conservateur et sans exhausteur de goût. Situé en Moselle-Est, cette entreprise artisanale propose des spécialités végétales telles que le Petit Lorrain, le Petit Bleu, le Petit Frais qui se décline à l'ail, au curcuma ou encore à l'échalote et la ciboulette ou encore le Petit Alba. Des « faux-mages » qui ont toute leur place en fin de repas ou pour un apéritif, vos convives apprécieront ! Et pour l'alternative au foie gras, testez donc la Bonne Foi une terrine 100 % végétale...

Sarreguemines ★

A voir – A faire

JARDIN DES FAÏENCIERS

Site du Moulin de la Blies
125, avenue de la Blies
✆ 03 87 98 28 87
www.sarreguemines-museum.com
Label Accueil Vélo. Basse saison : ouvert du mardi au dimanche de 10h à 12h et de 14h à 18h. Haute saison : du mardi au dimanche de 10h à 18h. Gratuit jusqu'à 26 ans. Adulte : 4 €. Entrée libre chaque premier dimanche du mois.

Une reconversion judicieuse, surprenante et très réussie. Ce sont sur les anciennes friches industrielles d'une vieille faïencerie que ce jardin a été pensé par le paysagiste Philippe Niez. Ce magnifique espace s'étend sur 20 000 m² et permet de découvrir différentes zones. On se prend donc à flâner dans un labyrinthe de ruines, un jardin des grands feuillages ou un lieu baptisé « jardin du feu ». Régulièrement, des événements ou expositions donnent un gros coup de dynamisme à cet endroit délicieusement calme, tout à l'est du département.

LE MUSÉE DE LA FAÏENCE ET LE JARDIN D'HIVER ★

Musée de Sarreguemines
17, rue Poincaré
✆ 03 87 98 93 50
www.sarreguemines-museum.com
museum@mairie-sarreguemines.eu
Fermé le 24, 25 décembre et le 1er janvier. Ouvert du mardi au dimanche de 10h à 12h et de 14h à 18h. Ouverture exceptionnelle des musées les lundi fériés uniquement. Gratuit jusqu'à 16 ans. Adulte : 5 €. Groupe (10 personnes) : 4 €. Gratuit pour les lycéens et les étudiants jusqu'à 25 ans. Entrée gratuite dans les 2 musées le 1er dimanche du mois. Pass an : 14 €. Accueil enfants. Boutique. Animations.

L'ancienne demeure de Paul de Geiger, directeur des Faïenceries de Sarreguemines entre 1871 et 1914, est devenue le musée historique de la Faïence. Des œuvres de porcelaine, de grès fin et de terre cuite, ainsi que plusieurs salles dédiées à l'archéologie gallo-romain vous attendent. L'art de la céramique au XIXe siècle a connu un épanouissement majeur. Le musée abrite aussi un somptueux jardin d'hiver classé Monument historique et aménagé entre 1880 et 1882. Ce dernier ne manquera pas d'en mettre plein la vue à toute la famille. Richement décoré par Schuller, il est entièrement composé de carreaux de faïence et abrite en son centre une fontaine monumentale. De nombreuses activités sont proposées pour petits et grands tout au long de l'année.

MUSÉE DES TECHNIQUES FAÏENCIÈRES

125, avenue de la Blies
✆ 03 87 98 28 87
museum@mairie-sarreguemines.fr

Label Accueil Vélo. Ouvert du mardi au dimanche et les jours fériés de 10h à 12h et de 14h à 18h. Gratuit jusqu'à 18 ans. Adulte : 5 €. Gratuit pour les étudiants jusqu'à 25 ans sur présentation de la carte. Tarif réduit : 4 €. Label Tourisme & Handicap. Accueil enfants. Visite guidée (en français, allemand et anglais). Boutique. Animations.

Quels sont donc ces objets de table qu'on voit principalement chez les grands-parents ? Pourquoi nous dit-on qu'ils ont une grande valeur ? Parfois, dans le but de répondre aux questions silencieuses de nos chères petites têtes blondes, il est préférable de proposer une explication concrète. Et, pour tout connaître et faire connaître des techniques et richesses de la faïencerie, direction Sarreguemines. Au sein du Moulin de la Blies, un musée des techniques faïencière unique en France se charge de tout expliquer à propos des petites merveilles des salles à manger. Grâce à des ateliers reconstitués très ludiques, des maquettes très complexes et des témoignages

© THOMAS GARCIA

Musée des techniques faïencières, Sarreguemines.

sonores authentiques, l'industrie de la céramique devient passionnante pour tous. Aussi l'ancienne maison du directeur ouvre ses portes pour expliquer l'histoire propre de cet ancien site de production. Les plus gourmands trouveront, dans le bâtiment d'accueil, un sympathique salon de thé dans lequel il est recommandé de découvrir les spécialités de quelques artisans locaux.

Se restaurer

AUBERGE SAINT-WALFRID

58, rue de Grosbliederstroff
Quartier de Welferding
✆ 03 87 98 43 75
www.stwalfrid.fr
contact@stwalfrid.fr

Maître Restaurateur. Ouvert le lundi et le samedi le soir ; du mardi au vendredi de 12h à 13h30 et de 19h à 21h30 ; le dimanche midi. Réservation impérative. Menus de 45 € à 128 €. Carte : 40 € environ. Formule du midi : 45 € (entrée+plat+dessert). Vin au verre. Cours de cuisine 140 € pour la journée. American Express. Accueil des groupes. Jardin. Terrasse. Vente à emporter. Boutique. Traiteur.

Une institution de la gastronomie de l'est du département. Entrer dans l'auberge Saint-Walfrid est une sorte de pèlerinage culinaire incontournable dans la vie de tout gourmet mosellan qui se respecte. Évidemment, il n'y a pas d'âge pour être initié à cette cuisine fine et raffinée. Chaque proposition est abordée avec une justesse de réalisation proche d'une œuvre d'art par son graphisme parfait. Toutefois, on y retrouve aussi la gourmandise dans la bourride, qui est délicatement sublimée par la qualité du poisson et des crustacés, ainsi que par les épices savamment mariées et dosées. Les grands craqueront pour des recettes assez sophistiquées, comme la bouchée de foie gras et sa compotée de coings d'une texture étonnante, alors que les plus jeunes choisiront des préparations simples mais subtiles. En effet, même si l'auberge ne propose pas un menu enfant spécifique, elle sait charmer les petits convives avec des plats assez simples tels que des escalopes, des poissons et leurs accompagnements classiques.

Emplettes

BOULANGERIE BUCCI

5A, rue des Généraux Cremer

✆ 03 87 98 09 46

Ouvert du mardi au vendredi de 6h15 à 18h30 ; le week-end de 6h15 à 17h30.

S'il existe une seule raison de pousser la porte de la boulangerie Bucci de Sarreguemines, c'est pour le fameux Faïencier. Une pâtisserie que l'on ne trouve nulle part ailleurs car elle a été inventée par le patron Dominique Bucci. Et pourquoi convient-il de faire découvrir ce mets particulier à une famille mosellane ? Parce qu'on y trouve toutes les saveurs de l'ancienne région Lorraine. Une génoise inspirée par la madeleine de Commercy, une couche gélifiée de bergamote de Nancy, une mousse légère à la mirabelle de Metz et un carreau de chocolat sur lequel est dessiné le mur de la fontaine du Jardin d'hiver du musée de la Faïence de Sarreguemines. Ça y est, toute la famille est convaincue de se rendre à la boulangerie Bucci ?

LE MAGASIN DE FAÏENCE DE SARREGUEMINES

5, place du Général-Sibille

✆ 03 87 98 68 51

www.sarregueminesvaisselle.com

contact@terresdest.fr

Ouvert du mardi au samedi de 10h à 12h et de 13h à 18h. Boutique en ligne : www.terresdest.fr.

Au service de la tradition depuis 1784, la réputation de Sarreguemines dans l'art de la faïencerie est incontestable ! Ce magasin de faïences du centre ville s'inscrit dans un parcours de six étapes, dans la continuité des musées-jardins des faïenciers et des lieux qui ont marqué l'histoire de la ville. Dans la boutique spécialisée en commerce de détail, on trouve assiettes, soupières, et bien d'autres pièces aux motifs variés allant du style régional au plus moderne. Vous y trouverez des merveilles (alba, prisma, paloma, miramar, elypse...). Des copies de modèles anciens, honorant le savoir-faire des maîtres céramistes de France, sont disponibles également.

Siersthal

OUVRAGE DU SIMSERHOF ★★

Rue André-Maginot, Le Légeret
✆ 03 87 96 39 40
www.simserhof.fr – resa@simserhof.fr

Actuellement fermé pour travaux, dates de réouverture non connues au moment de la parution de ce guide. Basse saison : ouvert du mardi au dimanche de 10h à 17h. Haute saison : tous les jours de 10h à 18h. Réservation conseillée. Gratuit jusqu'à 6 ans. Adulte : 12 €. Enfant (de 6 à 16 ans) : 8 €. Groupe (20 personnes) : 10 €. Tarif réduit : 10 €. Accueil enfants (ateliers). Visite guidée. Restauration. Boutique. Prévoir un vêtement chaud (10°C dans l'ouvrage).

Prévoyez le blouson, il fait froid. Normal, vous êtes à 27 mètres sous terre. Exactement à l'endroit où 876 militaires vivaient un casernement depuis la construction de cet ouvrage de la ligne Maginot dans les années 1930. Il est difficile de faire plus immersif que la visite du Simserhof. Après le visionnage d'images d'archives sur la ligne Maginot, des véhicules automatisés guident les visiteurs sous la terre vers les quartiers de vie des anciens soldats. Les plus âgés aimeront les archives en vidéo et les plus jeunes préfèreront cette immersion détonante. Tout au long du périple historique, des effets spéciaux et des projections de films se chargent de restituer l'intensité des combats de 1940. Le Simserhof ne s'acharne pas à travestir la réalité de l'époque si bien qu'une fois à l'extérieur, une petite balade autour des blocs de combat s'impose. Un circuit avec des panneaux explicatifs a été aménagé en plein air.

Soucht

LE MUSÉE DU SABOTIER

Rue des Sabotiers
✆ 03 87 96 25 58
http://museedusabotier.fr

Fermé du 2 novembre au 1er avril. Ouvert toute l'année pour les groupes (y compris le matin), sur réservation seulement. Haute saison : ouvert du mercredi au lundi et les jours fériés de 14h à 18h. Adulte : 3,50 €. Enfant : 2,50 €. Groupe adultes : 3 €, groupe enfants : 2 €. Billet famille : 8 €. Visite guidée (1h). Aire de pique-nique équipée de sanitaires.

Tous en baskets au musée du Sabot. C'est qu'il en faut, de l'énergie, pour consommer l'historique du sabot dans ce musée situé tout à l'est du département mosellan. Cela fait d'ailleurs un bail que ce voyage dans le temps a dépassé les murs de l'ancien atelier de sabotiers dans lequel il s'était installé à son ouverture en 1985. Aujourd'hui, l'espace s'est bien agrandi et il s'est agencé comme il faut afin de proposer un tas d'animations autour d'un soulier que nos aïeux ont beaucoup porté. En plus des salles d'exposition et des ateliers pédagogiques autour du sabot, le musée abrite une salle de projection et il permet de visionner nombre de diaporamas sur des tablettes tactiles. Surtout, pour rendre la visite plus ludique aux enfants, il existe un tas de jeux et d'ateliers dédiés aux plus jeunes. Il est ainsi possible selon les moments de l'année, de manipuler du bois, décorer des sabots, participer à des enquêtes ou relever des défis. Bref, de découvrir en s'amusant.

Sturzelbronn

RESTAURANT AU RELAIS DES BOIS

13, rue Principale
✆ 03 87 06 20 30
www.aurelaisdesbois.fr
aurelaisdesbois@gmail.com
Ouvert du mercredi au dimanche le midi et le soir. Menus de 25,50 € à 35,50 €. Carte : 25 € environ. Menu enfant : 9,50 €. Vin au verre. Chèque Vacances. Jardin.

Goûtez à la cuisine régionale typique de l'Alsace et de la Moselle en plein cœur de la vallée des Vosges du Nord. Le Menu Saison ou le Menu Relais vous combleront après une randonnée familiale à la découverte des vestiges de l'ancienne abbaye. Vous pourrez goûter à de nombreux plats à base de gibiers en saison. Les prix se révèlent au final assez raisonnables au regard des quantités capables de rassasier les plus gros appétits. L'ambiance rustique et chaleureuse de ce restaurant rappellera à chacun les grosses tablées des repas de famille.

Volmunster

A voir - A faire

MUSÉE DU MOULIN D'ESCHVILLER ⭐

Moulin d'Eschviller
✆ 03 87 96 76 40
www.moulindeschviller.fr
Fermé du 16 octobre au 31 mars. Sur visite guidée uniquement les week-end et jours fériés à 14h30 et en semaine lors des vacances scolaires. Gratuit jusqu'à 6 ans. Adulte : 5 €. Enfant : 3,50 €. Boutique.

Plus qu'un moulin, le centre d'Eschviller est un vrai lieu d'exhibition des anciennes traditions rurales. Un vrai nid de questions-réponses pour les petits curieux. Bien sûr, il y a le moulin. Avec sa roue à aubes, il provoque un vrai ballet de machines et qui ne manque pas, à chaque fois, d'impressionner les plus jeunes. Il est proposé d'assister à la toujours fascinante fabrication de la farine. Puis, sur le site, il est possible de visiter une scierie et un rucher. La scierie permet de connaître le cheminement de l'arbre vers la planche alors que le rucher sensibilise à l'importance de l'abeille dans notre écosystème. Par ailleurs, les grands espaces qui entourent le moulin peuvent donner lieu à de belles promenades à pied ou à vélo.

Se restaurer

L'ARGOUSIER

1, rue de Sarreguemines
✆ 03 87 96 28 99
www.largousier.fr
largousier@orange.fr
Ouvert le lundi de 12h à 13h30 ; du jeudi au dimanche de 12h à 13h30 et de 19h à 20h30. Menus de 55 € à 70 €. Carte : 28 € environ. Formule du midi : 30 €.

Un endroit où les menus évoluent toutes les semaines en fonction des aléas de la nature et des producteurs. En somme, un restaurant où les plus jeunes apprendront le cycle des aliments et des saisons en dégustant quelques mets cuisinés avec cœur et raffinement. L'Argousier se pose comme un lieu gourmand à l'intérieur duquel il est vivement conseillé de prendre son temps. Certes, il existe une formule rapide le midi. Mais l'expérience gourmande et familiale prend tout son sens durant un long moment d'été, sur une terrasse verte et ombragée, rythmée par les cinq ou sept séquences de deux menus d'exception.

Emplettes

■ LE MOULIN ARNET

35, rue du Moulin
✆ 03 87 96 74 94
Ouvert du lundi au mercredi et le vendredi de 8h30 à 12h et de 13h30 à 18h ; le jeudi et le samedi de 8h30 à 12h.
Depuis qu'il a repris l'affaire en 1980, André Arnet se consacre entièrement au moulin de Volmunster et à la production de farines artisanales. On en trouve pour le pain ou la pâtisserie, avec ou sans gluten. Les plus curieux oseront la farine à la châtaigne et il est même possible d'y acheter des pâtes produites sur place ou encore divers produits confectionnés par des producteurs du coin. À l'approche de Noël, la famille Arnet remplit la boutique de biscuits de Noël qui valent clairement le détour. En revanche, les visites ne sont pour le moment pas possibles car le moulin est en travaux. Pas de doute, voici un moulin dont les ailes ne sont pas prêtes de s'arrêter de tourner !

Wœlfling-lès-Sarreguemines

■ RESTAURANT DIMOFSKI

2, quartier de la Gare
✆ 03 87 02 38 21
Ouvert du mercredi au vendredi de 12h à 14h et de 19h à 21h ; le samedi de 19h à 21h ; le dimanche de 12h à 14h. Menus de 40 € à 90 €. Menu enfant : 16 €. Formule : 30 €.

© THOMAS GARCIA

Vsite du moulin d'Eschwiller – Volmunster.

En pleine campagne mosellane, proche de Sarreguemines et de la frontière allemande, vous arriverez face à une grande maison qui abrite cette table de bonne notoriété. Julien Dimofski, un chef avec une ribambelle de prix, dirige cette adresse avec maîtrise et ouverture d'esprit. La carte met en lumière fraîcheur et sélection pointue de produits cuisinés. Le chef aime particulièrement sublimer ses assiettes avec le végétal auquel il donne un relief époustouflant.
Le terroir est en effet savamment mis en valeur dans des assiettes créatives et surprenantes. Un décalage entre audace culinaire et décor rustique permet à chaque génération de s'y sentir à l'aise et séduite. Une menu est spécialement dédié aux petits gourmets jusqu'à 10 ans.

TERRITOIRE DE SARREBOURG – CHÂTEAU-SALINS

Abreschviller

CHEMIN DE FER FORESTIER
2, place Norbert-Prévot
✆ 03 87 03 71 45
www.train-abreschviller.fr
train.abreschviller@wanadoo.fr
Fermé du 1er novembre au 31 mars. Basse saison : ouvert le mercredi, le samedi, le dimanche et les jours fériés de 15h à 16h30. Haute saison : tous les jours et les jours fériés de 10h30 à 18h. Consultez le site Internet pour les horaires de départ. Gratuit jusqu'à 4 ans. Adulte : 13 € (aller-retour). Enfant (de 4 à 12 ans) : 9,50 € (aller-retour). Groupe (20 personnes) : 11 € (aller-retour). Handicapés : 8 € (aller-retour). Groupe enfants (20 personnes) : 8,50 € (aller-retour). Voiture orient express 1ère classe (aller-retour) : adulte 17 €, enfant 10 €. Animations.

© GUILLAUME RAMON

Chemin de fer forestier, Abreschviller.

Une balade à la fois classique, insolite et familiale. Classique parce qu'elle fait écho aux rêves de voyages en Orient Express ou qu'elle évoque le train qu'Harry Potter prend pour aller à l'École des Sorciers. Insolite car ce n'est clairement pas tous les jours qu'une locomotive construite en 1906 vous mène au cœur d'une foisonnante forêt vosgienne. Familiale car vous prendrez place à côté de vos enfants ou de vos aînés dans des wagons d'un autre temps. Le petit train d'Abreschviller chemine dans la vallée de la Sarre Rouge et, à son bord, la promenade offre de subtiles sensations aux plus petits comme aux plus grands. De mai à octobre, le chemin de fer forestier d'Abreschiller propose ce périple en pleine nature. Il est possible, après le trajet en train, de visiter la scierie à haut fer du Grand Soldat.

Se restaurer

AUBERGE DE LA FORÊT
Lettenbach – Saint Quirin
276, rue des Verriers
✆ 03 8703 71 78
www.aubergedelaforet57.com
reservation@aubergedelaforet57.com

Ouvert du mardi au jeudi de 12h à 13h30 ; du vendredi au dimanche de 12h à 13h30 et de 19h à 20h30. Réservation recommandée. Menus de 36 € à 73 €. Menu enfant : 13 € (8 € en demi-portion pour les plus petits). Formule du midi : 19 € (3 plats). Terrasse. Accueil de groupes.

Un endroit gourmand où on veille à combler absolument tout le monde. Même les décors proposent des ambiances différentes. En effet, à l'Auberge de la Forêt, on peut s'installer dans une salle à l'allure de forêt vosgienne, sous une magnifique véranda qui s'ouvre sur un lac privé, au cœur d'une salle contemporaine ou encore à l'ombre des arbres sur la terrasse. Bref, quatre écrins pour savourer une cuisine délicieuse et locale. Les produits cuisinés par Hugo prennent une tournure gastronomique pour les grands gourmets et plus ludique pour les petits gourmands. Pour eux, les aiguillettes de poulet panées maison feront forcément fureur. À noter que le menu enfant se décline en petites portions et à moitié prix pour les plus petits.

Emplettes

■ BLACK PUDDING & CO

2, rue Pierre Marie
✆ 03 87 03 70 01
boucherie.blackpudding@gmail.com
Ouvert du lundi au vendredi de 8h à 12h30.

De la terrine à la flammekuche, du fromage de tête à de la saucisse de viande. Vous avez compris ? L'enseigne Black Pudding & Co possède un patronyme britannique mais, à l'intérieur, on consomme local et lorrain. Les patrons de cette boutique ont séjourné en Écosse. Voilà pour le côté pudding. Sinon, on pousse les portes de ce traiteur pour y commander des potées ou des baeckeoffe et pour y savourer des produits issus des producteurs du coin. La diversité des propositions saura chaque jour contenter tous les membres d'une famille, même nombreuse.

Bénestroff

■ RESTAURANT LA TOQUE BLANCHE

49, Grand'Rue
✆ 03 87 01 51 85
www.latoque-blanche.fr
Ouvert le lundi et le jeudi de 12h à 13h30 et de 19h à 21h ; le vendredi et le samedi de 12h à 13h30 et de 19h à 21h30 ; le dimanche de 12h à 14h. Carte : 30 € environ. Menu enfant : 12 €. Formule du midi : 13,90 €.

Se perdre en famille au cœur du Saulnois peut donner lieu à d'excellents moments culinaires. À Bénestroff, à la Toque Blanche en particulier. Que ce soit à midi dans la brasserie pour y découvrir la rapide formule du déjeuner ou le soir pour se poser plus longtemps dans le restaurant semi-gastronomique de la famille Nopre. La carte évolue au fil des saisons et respecte le fil rouge du côté local à la lettre. Ici, on nous indique dès l'intitulé du plat d'où viennent les produits principaux. Que ce soit un filet de cerf du département mosellan ou des lentilles d'une exploitation à quelques kilomètres.

À la Toque Blanche, on éduque les familles au bon terroir de la Moselle. Un menu enfant très classique est disponible mais on proposera plutôt de vraies découvertes gustatives à vos chers marmots.

Dabo

A voir – A faire

ROCHER DE DABO ET CHAPELLE SAINT-LÉON

Ouvert tous les jours d'avril à novembre de 10h à 18h. L'entrée vous permet d'accéder à la plate-forme et au point de vue panoramique du Rocher ainsi qu'à la chapelle dédiée au pape saint Léon IX. Adulte : 2 €. Enfant (de 6 à 16 ans) : 0,50 €.

La vue qui s'étend à partir du Rocher de Dabo ne laisse personne insensible. En haut des 62 marches qu'il convient de grimper pour arriver à son sommet, les interjections diffèrent selon les générations mais, à chaque fois, elles expriment un certain émerveillement. Face au plateau lorrain ou à la ligne bleue des Vosges, les plus anciens murmureront un « Oh mon Dieu ! » quand les plus jeunes s'exclameront « Quel kif, c'est frais ! » Et qu'importe puisque l'expérience, à Dabo, sert à se rendre compte que la nature reste très préservée autour de cet ancien lieu de culte celtique. Dans cette forêt du massif des Vosges, le Rocher de Dabo pointe à 664 mètres d'altitude. Impressionnant bloc rocheux en grès, il abrite une chapelle qui, le soir, s'illumine et donne au lieu un doux parfum de mystère.

Danne-et-Quatre-Vents

NOTRE-DAME DE BONNE-FONTAINE

1, rue Bonne-Fontaine
✆ 03 87 24 34 33
www.notredamebonnefontaine.com
Ndbonnefontaine@aol.com

Ouvert du lundi au samedi le midi et le soir ; le dimanche midi. Menus de 16 € à 40 €. Menu enfant : 10 €. Formule du midi : 10,50 €.

Une adresse dont l'approche ressemble à un conte de fée. Pour y accéder, il convient de s'enfoncer au cœur de la forêt, sur une petite route magnifique pour les yeux d'un adulte et enchantée

Rocher de Dabo et chapelle Saint-Léon.

dans pour ceux d'un enfant. Au bout, le conte devient concret et le contenu des assiettes ne brise pas la magie. Au sein de cet hôtel-restaurant, la cuisine se révèle traditionnelle et généreuse. On préfère vous proposer de la bonne charcuterie lorraine pleine de saveurs plutôt qu'un plat fade et expérimental. La vedette, au fond de ce bois mosellan, est clairement le gibier que le chef sert dans des portions plus que généreuses. Le menu spécifique pour les enfants évolue au fil de l'année et ces derniers se régaleront de desserts classiques mais efficaces.

Delme

A voir – A faire

LA SYNAGOGUE – CENTRE D'ART CONTEMPORAIN

33, rue Raymond-Poincaré
✆ 03 87 01 43 42
www.cac-synagoguedelme.org
cac.delme@wanadoo.fr

Fermeture pendant les fêtes de fin d'année, le 1er mai et pendant les périodes de montage d'exposition. Ouvert du mercredi au samedi de 14h à 17h30 ; le dimanche de 11h à 17h30.. Gratuit. Visite commentée tous les dimanches à 16h. Gratuit, sans réservation.

Un lieu phare de l'art contemporain du Grand Est dans une synagogue détruite par les bombardements allemands de la Seconde Guerre mondiale. Rien que par son histoire, ce bâtiment raconte le passé de la Lorraine. À l'intérieur en revanche, place aux artistes. Selon les époques et les projets, les intérêts de se rendre à Delme diffèrent. Il convient donc de jeter un œil averti au programme car, selon les expositions, les enfants y trouveront plus ou moins leur compte. Parfois, des ateliers ou des actions spécifiques menés par les artistes leur sont spécialement dédiés.

Se restaurer

À LA 12

6, place de la République
✆ 03 87 01 30 18
www.ala12.fr
info@ala12.fr

Fermé 2 semaines début janvier, et la dernière semaine du mois de juillet. Ouvert du mercredi au samedi le midi et le soir ; le dimanche midi. Restauration ouverte les lundi et mardi soirs pour les soirées étapes. Réservation recommandée. Menus de 30 € à 46 € (menus de 2 à 4 plats. Menu expression 65€). Carte : 30 € environ. Menu enfant : 14 €. Formule du midi : 14 € (entrée, plat, dessert, du mercredi au vendredi). Vin au verre. Vente à emporter.

Une enseigne familiale pour une escapade familiale et gourmande du côté de Delme. L'établissement « A la 12 » accueille aujourd'hui sa troisième génération avec Thomas et sa compagne Laura. L'inspiration du chef, Thomas, lui vient des produits qu'il déniche sur le marché. C'est ainsi que chacun se régalera en fonction des trouvailles et des inspirations du cuisinier. À tester : le menu végétal, un jeudi par mois. Le légume devient la star de l'assiette et vole la vedette à la viande et au poisson qui deviennent les accompagnements. Un menu est disponible pour les plus petits et, histoire d'offrir même aux jeunes convives un soupçon de cuisine traditionnelle, on préfère leur servir des spatzles plutôt que des frites. Sinon, cet enseigne se pose comme l'adresse idéale pour faire découvrir à tous de nouvelles saveurs.

Dieuze

Se restaurer

L'EMBELLIE

15, rue Clémenceau
✆ 03 87 86 47 96
Ouvert le lundi et le vendredi de 11h30 à 14h et de 18h30 à 22h ; du mardi au jeudi de 11h30 à 14h. Carte : 14 € environ. Menu enfant : 10 €.
Le décor donne envie de courir dans l'herbe, de taper une partie de cartes et d'y rester toute la journée. Sauf qu'à l'Embellie, on y va avant tout pour se régaler. Sur place, toutes les générations se côtoient. Des octogénaires qui y viennent tous les jours à l'heure du déjeuner, des jeunes actifs en quête d'une pause gourmande et bien évidemment des familles heureuses pour se retrouver dans un endroit convivial à souhait. Cindy Borca met tout en œuvre pour assurer un bon moment à tous ces convives. Les plats sont à la fois simples et savoureux et, pour les enfants, un jambon grillé du coin accompagné d'un dessert du jour saura les contenter entre deux allers-retours dans le jardin.

Emplettes

L'INVENTERRE DU PRÉ VERT

MJC Pré Vert
impasse Madeleine
contact@linventerreduprevert.com
Ouvert le mercredi de 15h à 19h ; le vendredi de 9h à 12h et de 15h à 19h ; le samedi de 9h à 12h et de 14h à 17h.
Attention, vous adhérez à un état d'esprit. Votre petite famille pousse la porte de ce local situé à la MJC de Dieuze ? Elle fait donc le choix de manger local et de privilégier l'achat d'un panier chaque semaine ou chaque mois. Il s'agit du principe de l'AMAP, de plus en plus répandu sur le territoire français. Cela permet de manger des mets de saison tout en privilégiant les produits locaux.
En effet, on retrouve dans chaque panier des aliments sortis tout droit des fermes du secteur de Dieuze. Que ce soit des œufs, des jus de fruit, des poulets, des produits laitiers ou encore de la charcuterie.

TROIS P'TITS POINTS

2, place de la Saline
✆ 03 87 86 05 24
www.trois-ptits-points-57.fr
Ouvert le lundi de 13h30 à 15h45 ; le mardi, le jeudi et le vendredi de 8h30 à 12h et de 13h30 à 18h ; le mercredi et le samedi de 8h30 à 12h.
Les capitales de la mode seraient Paris ou Milan ? Force est de constater que, pour customiser un vêtement ou s'offrir une jolie création, il peut être très tendance de se rendre à Dieuze. Dans la boutique Trois P'tits Points. Là, outre des créations douces et originales pour tous les goûts, une passionnée de couture est à l'écoute de toutes les envies et de tous les délires. Un sticker sur un sac ? Une retouche sur une robe ? Un bouton à déplacer ? Cette mercerie offre un service à l'ancienne autant que des conseils de mode très tendance. Autant dire qu'elle est peu commune au cœur d'une époque où fleurissent les enseignes de vêtements sans âme et sans identité. Une adresse à la fois pratique et créative.

Vélorail de la vallée du Spin, Dieuze.

Sports / loisirs / activités

VÉLORAIL DE LA VALLÉE DU SPIN

48, avenue Foch
✆ 07 66 49 29 09
www.lesaulnoisdrails.fr
contact@lesaulnoisdrails.fr
Ouvert de juillet à fin octobre. Jours d'ouverture variables selon la saison. Départs à 10h, 14h et 16h. Réservation indispensable. 23 € le vélorail.

Pas le choix, toute la famille doit pédaler dans le même sens et au même tempo. Sur les plaines du Saulnois, une ancienne voie ferrée a été complètement aménagée pour laisser circuler des vélorails. En gros, ce sont de petits wagons découverts qui avancent à la force des mollets. Pas de panique, l'effort est accessible à tous et la balade se révèle calme et dépaysante. Entre les villages de Dieuze et Benestroff, le trajet est plat et il s'étale sur trois kilomètres. Il existe quelques petites curiosités tout au long de la promenade. Comme ce levier d'aiguillage datant de l'année de la création de la voie ferrée, un équipement allemand puisque cette route de circulation a été construite en 1881, à l'époque d'une Moselle annexée par l'Empire germanique. Depuis l'été 2020, l'accueil se fait au cœur d'un vieux wagon posé là, à Dieuze, histoire de donner au site un aspect encore plus authentique.

Foulcrey

MOSELL'ÂNE

Ferme de Haussonville
✆ 06 23 16 14 14
www.mosell-ane.com
contact@mosell-ane.com
Ouvert tous les jours. Visite uniquement sur rendez-vous. Livraison possible (commande sur le site internet. Livraison gratuite pour une commande supérieure à 40 €).

Bienvenue au cœur d'une asinerie. Un nom peu commun qui désigne une ferme d'élevage d'ânes. Et du côté de Foulcrey, on élève ces animaux mignons pour y produire une foule de produits cosmétiques à base de lait d'ânesse. Crème pour le visage ou les mains, baume à lèvres, shampoing pour les cheveux, savons artisanaux… Tout se trouve dans un magasin qui, il faut bien l'avouer, n'intéresserait pas forcément les plus jeunes. Mensonge ! Car il existe une porte secrète au fond du magasin. Celle-ci s'ouvre sur la maison des ânes et ces derniers n'attendent que les caresses et les câlins de toutes petites mains. Il est également possible de suivre une initiation à la traite et de goûter du lait tout frais.

Garrebourg

Emplettes

CRISTAL LEHRER

1, rue du Plan Incliné ✆ 03 87 07 45 96
www.cristallehrer.com
info@cristallehrer.com
Basse saison : ouvert le dimanche, le lundi et les jours fériés de 10h à 18h ; du mardi au vendredi de 9h à 18h ; le samedi de 9h à 18h. Haute saison : le dimanche, le lundi et les jours fériés de 10h à 18h ; du mardi au vendredi de 9h à 19h ; le samedi de 9h à 18h.
Cette cristallerie est ceinturée par des vitres qui laissent deviner qu'à l'intérieur, le verre est la vraie vedette. A quelques pas du plan incliné, le savoir-faire du verre se dévoile sous toutes ces formes et pour tous les regards entre les murs de la maison Lehrer. La boutique saura contenter tout le monde tant la variété des créations crève le plafond. Des bonbonnières, des bijoux, des plats, des boules de Noël… Surtout, il est conseillé de contacter la boutique avant de venir histoire de savoir si des démonstrations de soufflage ou de taillage de verre sont prévues. Tous les jours, les verriers de la cristallerie exhibent un art toujours très spectaculaire.

Langatte

Sports / loisirs / activités

BASE DE LOISIRS DE LANGATTE

Langatte Tourisme, Étang du Stock
✆ 03 8703 69 90
langatte-tourisme.com
contact@langatte-tourisme.com
Ouvert toute l'année. Le lundi de 11h à 20h ; le mardi et le vendredi de 14h à 22h ; le mercredi et le samedi de 12h30 à 20h ; le jeudi de 11h à 20h ; le dimanche de 10h à 18h. Horaires du centre de bien-être. Gîtes, bowling, piscine, institut de beauté.
Le plus vaste plan d'eau navigable de Moselle vous promet une escale de choix aux beaux jours ! Sur le plan des activités, il y en a pour tous les goûts. Considéré comme un des plus riches écosystèmes du nord-est de la France, l'étang du Stock vous donnera à observer lors de randonnées, ou lors d'une croisière, une faune et une flore riches et diversifiées. Site idéal pour la pêche, il offre des petits coins paisibles. Plus animée, la base de loisirs de Langatte propose de quoi se restaurer et se loger (campings ou gîtes), des activités sportives (tennis, fitness, VTT, planche à voile), un centre de bien-être (sauna, hammam, soins du corps, yoga), un espace libre avec toboggans aquatiques. Evénements et activités estivales sont aussi au programme ! Langatte-Tourisme saura assurément répondre à toutes vos attentes.

Base de loisirs de Langatte.

© DR

CENTRE DE BIEN-ÊTRE DE LANGATTE

Zone de Loisir, Étang du Stock
✆ 03 87 03 69 90
www.langatte-tourisme.com
Ouvert le lundi et le jeudi de 11h à 20h ; le mardi et le vendredi de 14h à 22h ; le mercredi et le samedi de 12h30 à 20h ; le dimanche de 10h à 18h. Entrée : 6,10 € (pour 1 heure. 11 € pour 2 heures). Consulter le site pour les abonnements. Boutique.

Situé au bord de l'étang du Stock, le centre de remise en forme et relaxation vous propose différentes activités pour vous permettre une vraie détente. Au programme, spa sous véranda, saunas, hammam, salle de massage et de relaxation... Et si vous souhaitez sculpter votre corps, une salle de fitness et musculation est disponible. Vous pourrez choisir parmi les différentes activités proposées dans les bassins : aquagym, aquabike, aquafit. Pour terminer en beauté, pourquoi ne pas faire un tour dans l'institut qui propose de multiples services (modelages, gommages, soins du visage...). Le centre peut accueillir simultanément 50 visiteurs. Rassurez-vous, des plages horaires sont réservées aux plus jeunes pour préserver la quiétude du lieu. Comme il est doux de prendre soin de vous...

ETANG DU STOCK

Ouvert toute l'année. De 9h à 19h.

Au bord de l'étang du Stock qui s'étend sur 710 hectares, tout a été pensé pour occuper, divertir et satisfaire les familles. Le centre de loisirs de Langatte se pose en effet comme un site propice au sport, à la détente et à la remise en forme. Le sport avec la marche nordique ou le VTT, la détente avec un service de location de barques et de matériel de pêche et la remise en forme grâce à un centre bien-être de premier plan (eaux chaudes bouillonnantes, jets massant, sauna, hammam, fitness…). À proximité d'une véritable plage de sable, il est possible de pique-niquer, voire même de profiter d'un barbecue dans des espaces spécialement aménagés.

Languimberg

CHEZ MICHÈLE

57, rue Principale
✆ 03 87 03 92 25
www.chezmichele.fr
contact@chezmichele.fr
Fermé mardi et mercredi. Ouvert du jeudi au lundi de 12h à 14h30 et de 19h à 21h. Réservation recommandée. Menus de 25 € à 100 € (menu du marché (le midi et soir en semaine du lundi au samedi midi hors jours fériés) : 25 € Menu Jeunes (18-35 ans) : 129 € pour deux € (tout compris)). Carte : 27 € environ. Menu jeunes convives moins de 12 ans : 16 €. Terrasse. Véranda.

Une belle histoire de famille et de relais comme on les aime. D'ailleurs, le métier de restaurateur n'est-il pas une manière de donner de l'amour grâce à des saveurs ? L'amour des autres, l'amour du travail en équipe, l'amour du partage, l'amour des produits... C'est nichée entre Metz et Strasbourg que cette ancienne auberge devenue restaurant fait passer des émotions par l'assiette. Grâce à une cuisine raffinée mais qui met en valeur les produits locaux. Mention spéciale pour l'ambiance qui se dégage de cet endroit. Le décor se révèle soigné comme dans un restaurant gastronomique mais, sur certains détails, la maison rappelle que l'on dîne ou déjeune là dans une ancienne auberge familiale.

Lindre-Basse

A voir – A faire

■ DOMAINE DE LINDRE

67, rue Principale
✆ 03 87 35 02 80
www.domainedelindre.com
lindre@moselle.fr

Le site est en accès libre et gratuit. Les visites guidées pour groupes sont possibles sur réservation. Pêche au filet d'octobre à décembre, pavillon des expositions (uniquement sur réservation), aires de pique-nique, dépose-vélo et sanitaires. Vente de poissons possible sur réservation.

Le Domaine départemental de Lindre est un vaste espace naturel d'environ 1 000 hectares, composé de 12 étangs piscicoles, de roselières, de forêts et de prairies humides. Parmi ces étangs, l'étang de Lindre domine avec une superficie de 620 hectares. Le Domaine accueille 240 espèces d'oiseaux, 11 espèces d'amphibiens, plusieurs plantes protégées, un cortège immense d'insectes, de mollusques et de mammifères liés aux zones humides, ainsi qu'un gisement de poissons de qualité : carpe, brochet, perche, blanc, tanche, anguille, sandre, écrevisse. L'étang de Lindre est classé Espace Naturel Sensible départemental prioritaire. Il est aussi intégré dans le périmètre Natura 2000 et figure dans la liste des sites RAMSAR depuis 2003 pour les zones humides remarquables d'intérêt international. Le Domaine offre aux familles, aux touristes, aux ornithologues, aux naturalistes et aux scientifiques l'opportunité de découvrir à la fois une pisciculture traditionnelle, productrice de poissons de repeuplement, et des paysages façonnés depuis des siècles. Si vous êtes férus de promenade, ce site est fait pour vous avec 3 sentiers de promenades qui vont vous permettre de découvrir toute la beauté de ce site ainsi que l'observatoire « la Maison des oiseaux » et sa vue imprenable sur l'étang de Lindre et sa faune remarquable.

Domaine de Lindre – Lindre-Basse.

Loudrefing

A LA CROIX DE LORRAINE

31, rue du Général de Gaulle
✆ 03 87 01 97 89
alacroixdelorraine@gmail.com
Ouvert le mardi et le mercredi de 12h à 13h30 ; le jeudi, le vendredi et le dimanche de 12h à 13h30 et de 19h à 21h30 ; le samedi de 19h à 21h30. Carte : 13 € environ. Formule : 13,50 €.
Lassé de la routine et des cartes fanées par les âges ? À la Croix de Lorraine, le chef étale ses suggestions à la craie sur une ardoise. Comprenez donc que selon les jours et les produits frais, il efface et il recommence. Chaque jour, un menu simple mais gourmand à 13,50 € offrira une entrée, un plat et un dessert aux plus pressés. Pour les autres, il convient donc de parcourir les plats du moment. Et là, les plats en question côtoient les desserts sucrés ou les entrées authentiques. Chaque jour, le restaurant est en mesure de faire une proposition aux jeunes gourmets grâce à des produits dénichés chez les différents producteurs du coin. Car eux aussi, ont le droit de manger mosellan du côté de Loudrefing.

Lutzelbourg

Se restaurer

HÔTEL DES VOSGES

2, rue Ackermann
✆ 03 87 25 30 09
www.hotelvosges.com
contact@hotelvosges.com
Ouvert le lundi, le mardi et du jeudi au samedi le midi et le soir ; le dimanche midi. Fermé aussi le samedi midi du 15 octobre à fin février. Menus de 24 € à 44 €. Carte : 20 € environ. Menu enfant : 10 €. Formule : 12 €.
La salle à manger de cet hôtel-restaurant exhibe fièrement ses vieux meubles

© GUILLAUME RAMON / DÉPARTEMENT DE LA MOSELLE

Musée Départemental du Sel à Marsal.

en bois, ses nappes blanches et ses tables traditionnelles. Ici, on cuisine depuis 1899 et on le revendique. D'autant que le terroir lorrain et alsacien a toute sa place dans les assiettes concoctées par les chefs Gabriel Genter et Marc Corriger. Les portions sont très généreuses comme tout et les gibiers ou poissons sont valorisés à travers des plats gourmands et régionaux. Les spécialités ?
Baeckeoffe et choucroute évidemment ! Bien calés dans cet espace chaleureux, les enfants pourront déguster un menu qui leur est dédié avec, parmi les propositions, une knack forcément alsacienne.

Emplettes

DOUCEURS DES ROHAN

11, rue de Konzett
✆ 09 75 43 86 90
www.douceursdesrohan.com
contact@douceursdesrohan.com
Ouvert du mardi au vendredi de 9h à 12h et de 14h à 19h ; le samedi de 9h à 12h et de 14h à 18h.
Une confiserie oui. Mais une confiserie fine. Comprenez que les pâtes de fruits n'ont rien d'artificiel et que les guimauves n'ont pas grand-chose de chimique. Au cœur des Vosges du Nord, l'enseigne Douceurs du Rohan se pose comme le paradis culinaire des gourmets, qu'ils soient jeunes ou moins jeunes.
Du caramel à tartiner, des meringues enrobées de chocolat, des oursons de guimauve fabriqués sur place ou encore des gâteaux alsaciens… À Lutzelbourg, même la plus coupable des gourmandises devient un moment chic et savoureux.

Marsal

MUSEE DEPARMENTAL DU SEL

Porte de France ✆ 03 87 35 01 50
www.passionmoselle.fr
mdsm@moselle.fr
Ouvert de mi-février à mi-décembre : du mardi au dimanche de 9h30 à 12h30 et de 13h30 à 18h. Plein tarif : 5 €, tarif réduit : 3,5 €, gratuit pour les moins de 16 ans. Site accessible aux personnes à mobilité réduite. Boutique. Librairie. Animations.
L'or blanc ! Le sel, élément principal de la vie quotidienne que ce soit pour la cuisine ou encore pour les routes en hiver, revêt une dimension culturelle et sociétale forte. La haute vallée de la Seille recèle l'un des plus importants gisements européens de sel gemme. Cette ressource du sous-sol a profondément marqué l'histoire du Saulnois, c'est-à-dire le « pays du sel », depuis l'époque celtique jusqu'à une période récente. Son histoire passionnante, sa présence, son utilisation et ses enjeux sur le territoire du Saulnois sont à découvrir au Musée départemental du Sel installé dans la Porte de France, vestige des fortifications de Vauban. Depuis 2019, la nouvelle muséographie de ce site invite les visiteurs à s'immerger dans l'histoire de la production du sel, également appelé « l'or blanc », à travers cinq salles thématiques et chronologiques, depuis l'âge du Fer jusqu'au XVIIIe siècle en passant par l'époque romaine, le Moyen Âge et le règne de Louis XIV. Le musée a misé sur l'usage du numérique et de la vidéo pour raconter de manière pédagogique, ludique et simplifiée le récit de l'histoire du sel. Panneaux illustrés, frise chronologique, cartes animées, extraits de films structurent également les différents espaces du musée.

Mittersheim

Sports / loisirs / activités

ETANG DE MITTERSHEIM

33, rue de la Plage
✆ 03 87 07 67 82
Fermé du 16 septembre au 14 juin. Ouvert du lundi au vendredi de 14h à 20h ; le week-end de 10h à 20h. 4 € par voiture.
L'étang de Mittersheim est traversé par le canal des houillères de la Sarre et cette spécificité géographique lui permet de proposer tout un panel d'activités générateur de bons moments en famille. L'été, une plage est aménagée et surveillée, sourires garantis.
Des bateaux à pédales, des canoës et des paddles sont disponibles à la location et, surtout, un parcours gonflable sur l'eau prend forme lors de la période d'ouverture du site. L'activité parfaite pour se dépenser et vivre des moments de fun en famille ou entre copains, surtout en période de fortes chaleurs. Il fait chaud ? Direction l'Est du département mosellan et l'étang de Mittersheim.

Montdidier

Emplettes

LA CORBEILLE LORRAINE

15 bis, rue Principale
✆ 03 87 01 45 86
www.corbeille-lorraine.fr
contact@corbeille-lorraine.fr
Ouvert les mercredis et vendredis après-midi. Visite sur rendez-vous. Livraison possible (commande par voie postale).
La boutique a tout du décor de la cuisine à Mamie. Les napperons, les bocaux, les armoires et surtout les victuailles. Bienvenue chez Régis Kriegel, un artisan confiturier qui accueille les familles dans un atelier qui dégage, à peine la porte poussée, de délicieuses odeurs de fruits sucrés. Régis prépare les fruits manuellement pour en faire de délicieuses confitures, gelées ou conserves. Il marie les saveurs et les relève avec des épices et

© ROMAIN KREBS

Etang de Mittersheim.

© ATYPIC PROD

La Corbeille Lorraine, Montdidier.

des aromates, pour des créations originales, ou plus classiques : confitures de fraises, de framboises, de myrtilles, de nèfles, de rhubarbes, à la menthe, mais aussi coulis de quetsches aux épices ou encore gelée de vin aux épices. Les plus jeunes craqueront pour ces pots sucrés ou ces bonbons à la mirabelle quand les parents tenteront peut-être la fameuse eau-de-vie.

Niderviller

RESTAURANT M

9, place Charles de Gaulle
✆ 03 87 07 37 99
www.restaurant-m-niderviller.com
contact@restaurant-m-niderviller.com
Ouvert du mardi au jeudi et le dimanche le midi ; le vendredi et le samedi le midi et le soir. Menus de 56 € à 86 €. Menu enfant : 15 €. Formule du midi : 24 €.

Nappes blanches, présentation immaculée et ambiance sereine. Le Restaurant M n'est clairement pas un espace de jeu ou une étape récréative. Pousser les portes de cet établissement, c'est faire la démarche d'une merveilleuse et ambitieuse expérience culinaire. Un menu pour les enfants est bel et bien à la carte mais il convient de posséder le palais fin et délicat pour savourer au maximum cette cuisine naturelle et créative. Ce restaurant gastronomique propose en somme deux types d'expériences. Un menu à quatre plats à l'heure du déjeuner et surtout des menus de saisons à six ou neuf plats. On ne peut que vous conseiller de prendre le temps de vous asseoir et d'opter pour un voyage où s'accordent à merveille des produits du terroir et des mets plus atypiques.

Rhodes

A voir - A faire

PARC ANIMALIER DE SAINTE-CROIX ★★

Route de Rhodes
✆ 03 87 03 92 05
Voir page 12.

Saint-Jean-Kourtzerode

LES CONFITURES DE LA HOUBE

26, rue de l'Église
✆ 03 87 24 30 97
www.lesconfituresdelahoube.com
lesconfituresdelahoube@hotmail.com
Ouvert du lundi au vendredi de 14h à 18h.
Assister à la cuisson, déguster puis acheter. Ces trois étapes, proposées par l'enseigne Les Confitures de la Hoube, apparaissent gourmandes comme tout. Attention, il convient cependant de contacter la boutique au préalable avant toute dégustation car les propriétaires sont souvent en vadrouille sur les marchés locaux. Logique, tout est estampillé local chez ce producteur de confiture. La plupart des fruits cuisinés proviennent du Grand Est et, en y ajoutant du sucre, chaque confiture prend un délicieux et authentique goût de fruit. Chaque membre de la famille y trouvera sa saveur préférée.

Saint-Louis

A voir – A faire

PLAN INCLINÉ DE SAINT-LOUIS ARZVILLER

Plan incliné
✆ 03 87 25 30 69
Voir page 13.

Sports / loisirs / activités

LA LUGE ALPINE DU PLAN INCLINÉ

Route du Plan Incliné
✆ 03 8703 74 87
info@plan-incline.com
Ouvert d'avril à septembre. Basse saison : le weekend de 12 à 17h30. Haute saison : du mardi au dimanche de 12h à 18h. Avril et octobre : le dimanche de 13h à 17h30. Un passage : 3,50 € ; 5 passages : 13 € ; 10 passages : 22 €.
Dans les Vosges, il y a plusieurs siècles, les bûcherons se servaient de gros traîneaux pour dévaler les pistes forestières. On appelait ça « une schlitte » . À côté du plan incliné de Saint-Louis-Arziller, on ne demande évidemment pas aux visiteurs de descendre des tronçons de bois. En revanche, on leur permet de dévaler la forêt sur une piste de 500 mètres. Une activité ultra décoiffante où les plus férus de vitesse iront jusqu'à 40 km/h. La vitesse est réglable grâce à un frein équipant chaque luge. Ceintures de sécurité et filets de protection garantissent à chacun une descente en toute confiance. Évidemment, une remontée mécanique vous permet de vous emmener au sommet de la piste sans effort. On ne va pas vous demander les mêmes efforts que les bûcherons vosgiens de l'ancien temps. À signaler que l'activité n'est pas accessible avant l'âge de trois ans et les enfants de moins de 8 ans doivent être accompagnés d'un adulte. Durant les vacances d'été, des descentes nocturnes permettent de varier les sensations.

Saint-Quirin

VILLAGE DE SAINT-QUIRIN

Visite libre.
Le genre d'endroit où vous êtes prévenus. A l'entrée du village, un panneau indique que vous êtes dans un endroit labellisé « Plus Beaux Villages de France ». Ils ne sont que deux en Moselle à pouvoir

© GUILLAUME RAMON / DÉPARTEMENT DE LA MOSELLE

Luge alpine du Plan incliné, Saint-Louis.

afficher cette distinction. Alors pourquoi Saint-Quirin, ce village planté en plein cœur des collines verdoyantes du massif vosgien ? Saint-Quirin possède en tout 75 édifices ou constructions classés ou inscrits. Pas mal pour une bourgade d'un peu plus de 700 habitants qui, en réalité, se pose comme un lieu d'accueil pertinent pour une sortie familiale un dimanche de beau temps. Outre le cœur du village qui comporte une jolie église à deux clochers, Saint-Quirin dévoile les plus belles de ses merveilles au bord de quelques sentiers balisés autour de la commune. Là, petits et grands promeneurs partiront à la découverte d'un patrimoine religieux et antique. Un impressionnant site archéologique gallo-romain est accessible par un chemin de forêt. En fait, les alentours de Saint-Quirin ne sont pas forcément très fréquentés et chaque randonnée donne un sympathique sentiment d'aventure.

Se restaurer

■ HOSTELLERIE DU PRIEURÉ

163, avenue du Général-de-Gaulle
✆ 03 87 08 66 52
www.saint-quirin.com
prieure57@laposte.net
Ouvert le dimanche, le lundi, le jeudi et le vendredi de 12h à 14h et de 19h à 20h30 ; le mardi de 12h à 14h ; le samedi de 19h à 20h30. Réservation recommandée. Menus de 33 € à 65 €. Carte : 23 € environ. Carte spécifique pour les enfants. Formule : 26 € (plat et dessert). Vin au verre.

Un prieuré dans lequel on prie pour émerveiller ses papilles. L'Hostellerie du Prieuré, situé dans le beau village de Saint-Quirin, éveille les sens gustatifs des petits et des grands depuis le début des années 1990. Le chef Didier Soulier n'a de cesse de mettre à l'honneur les trésors de la Lorraine. Raffinés et subtils, les menus suivent le fil des saisons.

Terrine de foie gras de canard maison au chutney de fruits, pigeon rôti à la goutte de sang, sauce Périgourdine, filet de bar rôti aux girolles, agneau lorrain accompagné de sa purée maison et de ses petits légumes de jardin, raviront les gourmands. Les enfants ne sont clairement pas mis de côté car une carte spéciale est distribuée aux moins de douze printemps. Ils auront ainsi le choix entre plusieurs plats et plusieurs desserts, à chaque fois cuisinés avec des produits de qualité. Comme pour les adultes.

Emplettes

ATELIER VERRE LUISANT

91, rue de la Verrerie
✆ 03 87 08 67 88
www.auverreluisant.com
at.verre-luisant@orange.fr
Ouvert le mardi de 14h à 18h ; du mercredi au samedi de 10h à 12h et de 14h à 18h ; le dimanche de 14h à 17h. Ouvert également le mardi matin sur rendez-vous. Fermé les jours fériés et jours de fête. Boutique en ligne.

Les petits chats ou les petites poules en verre attireront le regard des plus petits. Les plus grands seront peut-être tentés par des décorations de Noël ou des accessoires pour la table. Sur la route du verre et du cristal, l'atelier-boutique Au Verre Luisant ne ressemble à aucun autre.

Tous les objets et toutes les babioles créés par Anne Holtzer interpellent et il est compliqué de ne pas craquer pour un petit achat. Certains samedis, il est possible de participer à des stages « Découverte du verre » pour tout connaître de cet art coloré et magnifique.

Sarrebourg ★

A voir - A faire

MUSÉE DU PAYS DE SARREBOURG ★

Rue de la Paix
✆ 03 87 08 08 68
www.ville-sarrebourg.fr
musee.sarrebourg@wanadoo.fr
Fermé le vendredi saint et le jour de Pâques, les 25 et 26 décembre, le 1er janvier, du 10 au 31 janvier et le 1er mai. Du 1er novembre au 31 mars : ouvert du mercredi au lundi et les jours fériés de 14h à 18h. du 1er avril au 31 octobre : le lundi et du mercredi au samedi de 10h à 18h ; le dimanche et les jours fériés de 14h à 18h. Gratuit jusqu'à 18 ans. Adulte : 6 € (musée + chapelle ; tarif réduit : 4 €). Étudiant : 4 €. Label Tourisme & Handicap. Visite guidée (sur demande uniquement). Animations.

S'il fallait sortir un seul argument pour convaincre n'importe qui de pousser les portes du musée du Pays de Sarrebourg, nous évoquerions les vitraux de Marc Chagall dans la chapelle des Cordeliers, point final de la visite. Notamment *la Paix*, une œuvre sublimissime de douze mètres de hauteur. Colorée, lumineuse, cette œuvre interpellera forcément les plus jeunes. Juste avant, ils auront déambulé dans un musée qui raconte l'époque gallo-romaine grâce à des collections archéologiques et le savoir-faire local par une exposition de faïences et porcelaines. Quel que soit l'âge du visiteur, celui-ci effectue un long trajet vers le passé tout au long d'un musée qui date de 1905. Parfois, des animations créatives et ludiques sont organisées par les équipes du musée, notamment des ateliers de porcelaine.

Emplettes

DE MES TERRES

Rue Dessirier
✆ 06 32 23 60 45
contact@demesterres.fr
Ouvert du mercredi au vendredi de 10h à 19h ; le samedi de 9h à 16h.
Ils sont cinq. Cinq producteurs locaux à se rassembler pour vendre des produits du terroir dans cette boutique de Sarrebourg. Légumes et fruits bio de saison, viande (bœuf bio, veau bio, porc, agneau, volaille, canard, lapin et même truite fumée, nombreuses céréales, huiles, confitures, miel, vins, bières, jus et autre épicerie…). Il y a de quoi faire plaisir à chaque membre de la famille. Et cela a plus de charme quand il s'agit d'un vertueux circuit court.

Sports / loisirs / activités

BASE DE LOISIRS

Hameau de gîtes
Rue du Tennis
www.sarrebourg.fr
mairie@mairie-sarrebourg.fr
VTT toute l'année. Plage surveillée en juillet et août en bordure d'étang. Tarifs variables selon l'activité. Location de chalets 4 personnes à partir de 335 € la semaine.
Envie d'un bol d'air en pleine nature en famille ? Le Hameau de gîtes de Sarrebourg valorise la diversité de son environnement, entre la région des étangs et le paysage plus mouvementé du massif vosgien. La base de loisirs offre un cadre adapté pour les activités nautiques et la découverte de la nature, point de départ pour les randonnées pédestres ou cyclistes du coin. Des vélos sont proposés à la location et près de 110 kilomètres sont balisés autour de la base de loisirs. Terrains de tennis, étang avec plage aménagée, piscine couverte avec toboggan, pêche, ping-pong, canoë-kayak, tir à l'arc, mini-golf sont également accessibles. Lieu de villégiature privilégié, une trentaine de chalets en bois confortables s'étendent au cœur de la nature dont certains ont été entièrement rénovés. Leur capacité ? De 2-4 ou de 4-6 personnes.

Turquestein-Blancrupt

LE KIBOKI

9, route du Donon
✆ 03 87 24 78 49
www.lekiboki.com
contact@lekiboki.com
Ouvert du jeudi au mardi de 12h à 14h30 et de 19h à 22h. Menus de 25 € à 30 €.
Sur la route boisée du plus haut sommet des Basses-Vosges, le Donon, il semble clairement opportun d'offrir une escapade gourmande à toute la famille au Kiboki. Parce que l'endroit est propice à des départs de promenades et de randonnées mais surtout parce qu'on y mange divinement bien. Attention, hors de question de chercher des produits qui viennent du bout du monde. Sur sa carte, le Kiboki propose du traditionnel cuisiné avec un savoir-faire fin et raffiné. Marbré de foie gras aux figues, boudin noir aux pommes… certains alliages peuvent surprendre mais, à chaque fois, le palais prend une grosse claque d'émerveillement. À voir si, après le repas, la famille aura de l'énergie pour une promenade digestive dans les forêts qui avoisinent le fameux Donon.

Vic-sur-Seille

A voir – A faire

HÔTEL DE LA MONNAIE

Place du Palais
✆ 03 87 01 14 14
www.vic-sur-seille.fr
mairie.vicsurseille@wanadoo.fr
Ouvert toute l'année. Viste en accès libre toute l'année.
Situé au cœur de Vic-sur-Seille, l'hôtel de la Monnaie est l'un des rares édifices en date du Moyen Age de la commune. Construit en 1456, cet ensemble de style gothique flamboyant très ouvragé présente les premiers éléments architecturaux de la Renaissance avec des fenêtres à croisillons et des moulages en saillie. En 1905, il fut classé au titre des Monuments Historiques par les autorités allemandes durant l'annexion française. En 1930, façades et toiture furent classées Monument Historique. L'édifice est richement ornementé de nombreuses sculptures, comme cette Vierge à l'Enfant dans une niche d'angle. À l'intérieur, ne manquez pas d'admirer une fresque étonnante, vieille de plus de 100 ans ! Elle témoigne du rayonnement artistique et historique de la ville.

Et de nos jours ? L'hôtel de la Monnaie fut restauré dans son ensemble en 2002 et 2003. Il abrite l'Office de tourisme de Vic-sur-Seille. Il s'agit également du siège de la conservation du Musée Georges De La Tour. Des informations sur l'histoire du lieu et les bonnes adresses des environs vous seront délivrées. Par ailleurs, dans le bâtiment, une salle d'exposition attenante présente des créations d'artistes locaux.

MUSÉE GEORGES DE LA TOUR

Place Jeanne d'Arc
✆ 03 87 78 05 30
www.passionmoselle.fr
mdgdt@moselle.fr
Ouvert de mi-février à mi-décembre : du mardi au dimanche de 9h30 à 12h30 et de 13h30 à 18h. Plein tarif : 5 €, tarif réduit : 3,5 €, gratuit pour les moins de 16 ans. Site accessible aux personnes à mobilité réduite. Boutique. Librairie. Animations.
Situé au cœur de Vic-sur-Seille, le musée rend hommage à Georges de La Tour, célèbre peintre natif de la localité. Évoquant l'esprit d'un cabinet de collectionneur, il sert d'écrin à deux tableaux autographes de Georges de La Tour : *Saint Jean-Baptiste dans le désert* et *Tête de femme*. Exposant quelque 200 pièces sur près de 1 000 m², le site est doté d'un ensemble de toiles qui parcourt la peinture européenne, du XVIe au début du XXe siècle. On compte seulement une quarantaine de toiles attribuée au peintre mosellan et éparpillée aux quatre coins du monde. Pour vous faire découvrir d'autres œuvres majeures, le musée utilise la réalité virtuelle. Une fois équipé d'un casque et de manettes, le visiteur est invité à découvrir l'atelier du maître tout en admirant et en interagissant avec 5 tableaux de Georges de La Tour : *Le Tricheur à l'as de trèfle*, *La Diseuse de bonne aventure*, *L'Apparition de l'ange à Saint Joseph*, *La Madeleine pénitente* et *Le Nouveau-né*.

ORGANISER SON SÉJOUR

Aquarium d'Amnéville.

SE RENDRE EN MOSELLE

En avion

LORRAINE AEROPORT

Aéroport de Metz-Nancy-Lorraine
Route de Vigny, Goin
✆ 03 87 56 70 00
https://lorraineairport.com
info@lorraineairport.com

L'aéroport Lorraine aéroport se pose comme l'un des points d'entrée sur le territoire mosellan. Seulement, il faut bien admettre que les liaisons aériennes vers l'ancienne région Lorraine tendent à diminuer avec le temps. Parmi les vols réguliers directs, il existe encore Toulouse, Marseille et Lyon en France ou Alger, Constantine et Casablanca à l'étranger. Il est évidemment possible d'atterrir à Lorraine aéroport puis de louer un véhicule pour découvrir la Moselle. L'autre possibilité, pour débarquer à partir d'une grosse ville française ou européenne, est d'opter pour une arrivée au Luxembourg via l'aéroport du Findel.

En train

GARE DE LORRAINE TGV EST EUROPÉENNE

Louvigny
www.lgv-est.com

Ouvert le dimanche (ouvert de 6h05 à 22h). Navette vers Nancy (40 min), Metz (30 min), l'aéroport Metz-Nancy-Lorraine (10 min) et Luxembourg (1h30). Boutique presse-librairie.

Près de l'aéroport régional, à une vingtaine de kilomètres au sud de Metz et à une trentaine de Nancy, la gare TGV Lorraine, ouverte en 2007, permet de rejoindre directement la gare de l'Est à Paris, les gares TGV d'Île-de-France (Aéroport Charles-de-Gaulle TGV, Marne-la-Vallée-Chessy TGV et Massy TGV) et des villes comme Bordeaux, Nantes, Rennes, Lille, Strasbourg, Bordeaux ou encore Francfort. Attention, la gare n'est pas raccordée au réseau TER. Les horaires sont à présent aménagés pour garantir les correspondances (départs et arrivées) avec les TGV et le prix de la navette est désormais intégré au billet TGV. À savoir : environ huit rotations par jour sont assurées depuis et vers Metz. Pensez donc à chercher les départs et les arrivées à cette gare, plutôt qu'à Metz ou Nancy, au moment de réserver un billet SNCF à destination de la Lorraine. La gare dispose de tous les services incontournables à ce type d'aménagement. À savoir : une librairie et un espace-presse, une connexion wi-fi gratuite, des appareils pour effectuer des photos d'identité, un point d'accueil jeune voyageur.

GARE SNCF DE METZ

1, place du Général-de-Gaulle
Metz
✆ 36 35

Ouvert tous les jours de 6h à 23h. Ouvert toute l'année.

Gagnante plusieurs années de suite du concours de la plus belle gare de France, cette bâtisse tout en granit rose, est incontournable lorsque l'on visite Metz. Autant dire que la choisir comme porte d'entrée principale à une visite de

Balades en Moselle

Moselle Attractivité lance son application mobile pour promouvoir les balades à pied, à vélo, à VTT, à cheval, ... partout en Moselle.

Disponible sur les principaux stores Apple et Google Play elle contient plus de 235 idées de balades : sentiers de grande randonnée, circuits de promenade et de randonnée, véloroutes, voies vertes, itinéraires VTT et même des itinéraires routiers à faire en voiture ou sur l'eau en bateau ou en canoë-kayak. Les idées de balades peuvent être recherchées en fonction de leur localisation, de leur durée, de leur distance, ou encore de leur dénivelé.

L'application propose plus de 2800 points d'intérêts pour vous permettre de préparer votre sortie, de réserver votre séjour, de se restaurer sur place, de visiter, de découvrir des trésors cachés ou encore de pratiquer d'autres activités de pleine nature.

Facile à prendre en main grâce à son entrée par carte ou par type de pratique, l'application permet des recherches par destination ou mot clés. La fonction filtre permet d'affiner sa recherche, le mode play d'être notifié des points d'intérêts à proximité de la balade.

Une mine d'informations sont disponibles sur l'itinéraire : lieu de départ, longueur, durée, difficulté, dénivelé positif et négatif, coordonnées géographiques et profil altimétrique. Le circuit peut être téléchargé et utilisé même en mode GPS sans réseau 4G.

la Moselle en famille est un choix plus que pertinent. Construite sous l'occupation en 1908, cette gare était à l'origine prévue dans un but de stratégie militaire en cas d'éventuel conflit entre la France et l'Allemagne. Le 36 35 informe sur le trafic, les horaires, services et enregistre les demandes de billet. Sur Internet, consulter le site www.voyage-sncf.com pour les horaires, le trafic, réserver ou annuler une réservation... Bien des villes sont joignables directement : Nancy en 40 minutes, Strasbourg en 1h20, Dijon en 3h, Lyon en à peine 5h et surtout Paris en à peine 1h20. En sortant de la gare par l'entrée principale, le centre-ville de Metz se dévoile au bout de quelques centaines de mètres. De l'autre côté, place au Centre-Pompidou et au tout neuf quartier de l'Amphithéâtre. Le TGV-Est propose 11 allers-retours quotidiens entre Paris et Metz (82 min). Il dessert également Thionville, Forbach, Sarrebourg et la gare Lorraine TGV.

Par la route

Metz est située au croisement de deux grands axes autoroutiers : l'A4 Paris-Francfort et l'A31 qui relie la mer du Nord à la Méditerranée via Luxembourg, Dijon et Lyon. Ainsi, Paris est à 320 km par la route, Lyon à 450 km, Lille à 370 km, Strasbourg à 160 km, Nancy à 57 km, Luxembourg à 65 km, Sarrebruck à 68 km, Trèves à 110 km et Bruxelles à 270 km.

Le choix du bateau sans permis

Le département de la Moselle porte le nom d'une rivière. Pourquoi ne pas choisir les flots de cette dernière pour découvrir ce territoire ? Il existe plusieurs stations de location de bateaux sans permis parmi lesquelles le plan d'eau de Metz, le port de Basse-Ham ou encore les escales de Hesse, Lagarde, Niderviller ou Lutzelbourg. En famille, cap ensuite sur une rivière qui, tour à tour, amène les embarcations au cœur des villes, en contrebas des châteaux, en dessous des vignobles ou en pleine nature.

En bateau

NAUTIC'HAM

Port de plaisance
Rue de la Seine
Basse-Ham
✆ 03 82 50 05 30
www.nautic-ham.fr
nautic.ham@outlook.com

Basse saison : ouvert du lundi au vendredi de 9h à 12h et de 13h30 à 17h30. Haute saison : tous les jours de 9h à 12h et de 15h à 19h. Label Accueil Vélo.

Plein de façons d'y arriver et plein de manières de s'y amuser en famille. Depuis son ouverture à la fin de l'année 2017, la base nautique de Basse-Ham est devenue un spot de vacances tendance du Nord mosellan. Il est possible de s'y rendre à vélo par toutes les voies vertes ou pistes cyclables qui quadrillent le secteur, à pied par différents sentiers ou même en bateau par le port de plaisance flambant neuf. Sur place, on trouve un camping et tout l'équipement indispensable à une belle journée de vacances au bord de l'eau. Toute l'année, des initiations à différents sports nautiques sont organisées par des personnes habilitées. Les familles ont donc l'embarras du choix et peuvent tester l'aviron, la voile ou encore le stand-up paddle et le jet-ski.

PORT DE PLAISANCE

Capitainerie – Club nautique l'Eau Reine – Péniche Pauline
Rue du Colonel Cazal
Sarreguemines
✆ 03 87 95 66 99

Basse saison : ouvert tous les jours de 16h à 19h. Haute saison : tous les jours de 15h à 19h. Basse saison : septembre et octobre et d'avril à juin. Haute saison : juillet et août. Entre 7 et 11 € par jour, 35 et 50 € par semaine, 105 et 150 € par mois.

Le port de plaisance de Sarreguemines a été le premier port de Moselle à être labellisé « Pavillon Bleu d'Europe » en 2003. Doté de tous les équipements nécessaires, il invite les plaisanciers de passage à faire une halte culturelle ou gourmande bien méritée ! Toutes les conditions sont réunies pour un séjour réussi : espace barbecue, accès wi-fi, aire de pique-nique, accès sécurisé... ainsi qu'un espace pétanque et une aire de jeux pour enfants à proximité. Aménagé en plein centre-ville sur la rive droite de la Sarre, niché dans un écrin de verdure, le port de plaisance comprend une quarantaine d'anneaux d'amarrage. Possibilité de participer à des sessions de formation au permis bateau.

Visite de la ville de Metz.

Hôtels

■ **HÔTEL DIANE*****
Centre thermal et touristique – Bois de Coulange
Rue de la Source
Amnéville
✆ 03 87 70 16 33
www.accueil-amneville.com
diane@hotels-amneville.com
Logis. Fermé du 1er au 6 janvier et du 22 au 31 décembre. Accueil 24h/24. 51 chambres (dont 3 chambres familiales pouvant accueillir jusqu'à 4 personnes) ; chambre double de 77 € à 110 € ; suite de 136 € à 169 €. Petit déjeuner buffet ou en chambre : 12 € (7 € pour les enfants de 3 à 11 ans). Lit supplémentaire : 18 €. Chambre familiale de 165 à 198 € la nuit. Soirée étape à 102€. Animaux acceptés (sans supplément). Piscine extérieure chauffée à partir de juillet 2020. Pack «amoureux» 16€.

Dans un décor verdoyant, au cœur de la forêt d'Amnéville, l'hôtel Diane bénéficie d'un environnement calme, propice à la détente. Les chambres, spacieuses et confortables, bénéficient de tout l'équipement d'un hôtel moderne. L'établissement propose également des espaces pour les familles avec un système de chambres communicantes. Tout pour satisfaire des clients désireux de qualité et de tranquillité, sans pour autant négliger leurs envies d'évasion, puisque moultes activités les attendent en dehors du cadre de l'hôtel. Cet établissement propose également différentes formules à offrir ou s'offrir, en partenariat avec Villa Pompéi, Thermapolis, le Snowhall, le zoo ou encore Walygator.

■ **DOMAINE LA GRANGE DE CONDÉ******
41, rue des Deux-Nieds
Condé-Northen
✆ 03 87 79 30 50
www.lagrangedeconde.com
lagrangedeconde@wanadoo.fr
Les Collectionneurs. Ouvert toute l'année. 20 chambres (dont 3 suites). Chambre double à partir de 135 € ; studio / appartement à partir de 320 € ; suite à partir de 220 €. Demi-pension (à partir de 3 nuits). Petit déjeuner : 14 €. American Express, Chèque Vacances. Label Tourisme & Handicap. Animaux acceptés (payant). Séminaires. Réceptions et mariages. Wifi gratuit. Restauration (menu de 24 €.à 59 €. Prix moyen à la carte : 28 €. Menu enfant : 9,50 €. Menu midi : 11,50 €). Hammam, bain bouillonnant, sauna.

Quel meilleur spot familial qu'une ancienne ferme familiale ? À Condé-Northen, Jean-Marie Visilit propose des prestations haut de gamme et chacun se sentira bichonné comme il faut. Côté hôtellerie, les chambres sont équipées de tout le confort moderne. Au sein de l'hôtel, différents espaces intérieurs et extérieurs invitent aux loisirs et à la détente avec l'espace de remise en forme (sauna, hammam et bain à remous), la terrasse donnant sur la piscine chauffée et le jardin d'agrément. Côté restaurant, les spécialités locales sont mises à l'honneur grâce à une cuisine à la fois fine et généreuse. Et puis, pour les plus petits, le menu *Petit Gruel* permet de déguster de succulentes pommes de terre rôties avec la viande ou le poisson du jour. Et, histoire de repartir avec un grand sourire et le ventre plein, ce menu propose une gaufre au chocolat en dessert.

CENTER PARCS LES 3 FORÊTS

Domaine des Trois Forêts
1, rue de Bertrambois
Hattigny
✆ 08 91 70 00 57
www.centerparcs.fr

Ouvert toute l'année. Cottages Comfort, Premium ou VIP pouvant accueillir de 2 à 12 personnes. Tarifs selon la saison et la formule choisie ; plus de renseignements par téléphone ou sur le site Internet. Chèque Vacances.

Comme un président de club de football ne présenterait pas Cristiano Ronaldo, il apparaît presque indécent de présenter Center Parcs. Peut-être le lieu familial de vacances le plus réputé. Mais ne nous privons pas de mettre en exergue celui qui se situe en Moselle. À Hattigny précisément, au cœur d'une forêt et à quelques pas des Vosges, le Domaine des Trois Forêts propose des hébergements propres au réseau Center Parcs, à l'image des fameux cottages, mais aussi un tas d'activités familiales accessibles à la journée. Un spa avec hammam, massages, saunas et bassins pour les parents avides de détente, une ferme pédagogique pour les marmots amoureux des animaux et surtout des moments à partager à plusieurs. On peut ainsi

© TON HURKS FOTOGRAFIE

Aquamundo, Center Parc Les 3 Forêts, Hattigny.

évoquer des balades à poney, en VTT ou en canoë, les différents terrains de sport (tennis, football…), la spéléo, le mini-golf, le paintball, le parcours aventure dans les arbres… Citons également le tout nouveau bâtiment ZE Place qui propose une douzaine d'activités indoor (escalade, chute libre, escape room...). Et bien évidemment l'incontournable parc aquatique Aqua Mundo. Un arbre géant qui se renverse dans le bassin, un toboggan décoiffant long de 190 mètres à dévaler sur une bouée… Aqua Mundo est une des raisons, parmi des dizaines, d'aller passer une journée ou plus du côté du Domaine Center Parcs des Trois Forêts.

HÔTEL LA CITADELLE METZ – MGALLERY

5, avenue Ney
Metz
✆ 03 87 17 17 17
www.citadelle-metz.com

Accueil 24h/24. 68 chambres (dont 2 suites). Chambre double à partir de 100 €. Garde d'enfants. Animaux acceptés (avec supplément). Wifi gratuit. Restauration (restaurant La Réserve). Vente.

Ancienne bâtisse militaire construite au XVIe siècle, la Citadelle s'est transformée en un élégant hôtel en 2005. Poser ses valises dans ce lieu chargé d'histoire c'est s'assurer un séjour de qualité non loin du centre historique, dans un écrin de verdure au confluent de la Moselle et de la Seille. L'hôtel La Citadelle offre des prestations haut de gamme. Les chambres y sont spacieuses et lumineuses, et le personnel, professionnel et bienveillant, est aux petits soins pour rendre votre séjour inoubliable. Prolongez l'expérience au restaurant de l'hôtel, La Réserve, où vous pourrez déguster une cuisine bistronomique et gourmande ou bien détendez-vous au bar.

HÔTEL NOVOTEL – METZ CENTRE****

Place des Paraiges
Centre Commercial Saint-Jacques
Metz
✆ 03 87 37 38 39
www.novotel.com
H0589@accor.com

Qualité Tourisme. Ouvert toute l'année. 120 chambres. Chambre double à partir de 100 €. Petit déjeuner buffet : 16,50 €. Parking : 12 € (forfait pour 24h). Forfaits week-end à tarifs attractifs. Prix variables selon la durée du séjour et la saison. Taxe de séjour : 2.53 € par personne et par nuit. American Express, Chèque Vacances. Label Tourisme & Handicap. Animaux acceptés. Séminaires. Connexion Internet gratuite. Wifi gratuit. Restauration (novotel Café tous les jours de 12h à 14h30 et de 19h à 22h30. Le bar de 6h30 à minuit). Tv satellite. Animations.

Au cœur du centre commercial Saint-Jacques, situé en plein centre-ville, le Novotel propose plus de cent chambres standardisées dont une spécialement accessible aux personnes à mobilité réduite. Les chambres sont sobrement décorées et présentent tout le confort requis : salle de bains privative, literie agréable. Enfin, signalons l'espace réservé aux enfants, bien pratique lors des repas, un bar et un restaurant, Côté Jardin, ouvert jusqu'à minuit. L'hôtel possède une piscine extérieure. De quoi vous rafraîchir durant les beaux jours et combler les petits baigneurs.

LE DOMAINE DE LA KLAUSS*****

2, impasse du Klaussberg
Montenach
✆ 03 82 83 19 75
www.domainedelaklauss.com
contact@domainedelaklauss.com

Ouvert toute l'année. Accueil 24h/24. 28 chambres (dont 12 suites). Chambre double à partir de 154 € ; suite à partir de 171 €. Petit déjeuner : 22 €. Parking inclus. Séminaires. Réceptions et mariages. Wifi. Restauration. Vente. Hammam, bain bouillonnant, sauna.

Situé dans un petit village, cet hôtel offre un cadre exceptionnel pour réussir son séjour. Il est d'ailleurs devenu le premier établissement 5 étoiles de Moselle. Les chambres sont spacieuses et confortables, la décoration est chic et soignée, les murs en pierre apportent une dimension de caractère. Toute la famille pourra se détendre au bord de la piscine chauffée à 34 °C, et se relaxer au spa avec ses cinq salles de soins, un bain bouillonnant, un sauna, un hammam... Les amateurs de deux-roues ne manqueront pas de louer des vélos électriques afin de découvrir la belle campagne aux alentours... Par ailleurs, l'hôtel possède même une montgolfière et là, les enfants risquent d'être émerveillés par un tour vertigineux au-dessus de la Moselle. Enfin, pour déguster des menus traditionnels et raffinés basés sur des produits frais, de qualité et de saison, le chef Benoît Potdevin et son équipe régale ses convives au restaurant Le K situé dans l'enceinte.

■ **AUBERGE SAINT-WALFRID********

58, rue de Grosbliederstroff
Quartier de Welferding
Sarreguemines
✆ 03 87 98 43 75
www.stwalfrid.fr
contact@stwalfrid.fr

De 15h à 20h. Prevenir en cas d'arrivée tardive. 22 chambres. De 125 € à 420 €. Petit déjeuner en chambre : 15 €. Parking fermé. Réceptions et mariages. Wifi gratuit. Tv satellite.

Cette demeure cossue est chargée d'histoire, au rythme des cinq générations qui se sont succédées à la direction de l'auberge. Baptisé « hôtel de charme », cet établissement propose plusieurs gammes de chambres et chacune d'entre elles possède sa propre personnalité. De la mignonne chambre « Élégance » aux grandes chambres « Prestige » de 36 et 38 m². Ces chambres offrent le confort d'un 4 étoiles : neuf d'entre elles donnent sur le parc, de même que la terrasse. Le mobilier d'époque et les nombreuses décorations florales ajoutent un certain parfum d'antan à cette auberge lorraine. Quant à la table, elle associe cuisine traditionnelle et saveurs nouvelles, sous l'égide de Stephan Schneider, maître cuisinier, une référence dans le domaine. Une adresse incontournable et plutôt haut de gamme qui saura charmer parents et enfants.

Gîtes et chambres d'hôtes

■ **CABANES EN LORRAINE**

52, rue des Gorces
Ancy-Dornot
✆ 06 23 40 24 34

Fermé en Hiver (novembre-avril). Selon la cabane : de 80 € à 180 € en basse-saison et de 95 € à 220 € en haute-saison. Petit déjeuner compris.

Fermez les yeux. Imaginez un réveil au milieu des arbres mais dans un lit douillet. Visualisez le passage d'un écureuil au moment de prendre un petit déjeuner frais à souhait. Ouvrez les yeux. Et si ce petit soupçon de paradis devenait bien plus qu'un simple fantasme ? Depuis 2013, quelques somptueuses cabanes trônent en plein cœur de la forêt d'Ancy-sur-Moselle. Quatre hébergements peuvent accueillir de deux à six personnes. Et chaque cabane possède son propre charme. La plus grande permet d'accueillir une famille entière et offre une vue sublime sur la ville de Metz, et la plus petite, surnommée « la Tirouelle », dispense aux couples d'amoureux une nuit inoubliable à la belle étoile dans un cocon tout rond et tout doux. Toutes les cabanes offrent en tout cas un dépaysement total une fois l'échelle repliée et le séjour commencé. Adeptes des circuits courts, les propriétaires proposent une vente de vins du village et servent chaque matin un petit déjeuner avec des produits locaux.

Cabanes en Lorraine, Ancy-Dornot.

LE MOULIN D'APACH

24, rue de l'Ecole, Apach
✆ 03 82 83 70 07
www.moulinapach.com

Label Accueil Vélo. Fermé du 15 septembre au 1er mai. 4 chambres. Chambres pour deux personnes, de 117 € à 120 € la nuit.

Être hébergé au Moulin d'Apach, c'est choisir une expérience paisible et sereine. Au sein d'une bâtisse vieille de deux siècles, quatre chambres douillettes attendent des hôtes en quête de tranquillité. En outre, et c'est de plus en plus important, les propriétaires du Moulin mettent un point d'honneur à garantir une empreinte carbone quasi inexistante. Ces nuitées écolos se passent dans des chambres authentiques, à l'image de cette « chambre du meunier » qui, avec ses pierres et poutres apparentes, possède un certain cachet. Un grand jardin est accessible pour quelques heures de repos ou de lecture. Oui, ce Moulin d'Apach est décidément un endroit très calme.

LA MAISON D'ANGÉLINE

5, Grand'Rue
Arry
✆ 03 87 52 83 95
www.maison-angeline.com
angeline@maison-angeline.com

5 chambres. Chambre simple à partir de 58 € ; chambre double à partir de 65 €. Petit déjeuner inclus. Parking. 85 € pour trois personnes, 100 € pour quatre personnes. Animaux acceptés (avec supplément de 7 €). Wifi.

Dans un charmant village, à quelques envolées de Pont-à-Mousson, la maison d'Angéline vous accueille pour un séjour de découverte. Seul, en couple ou en famille. Les chambres joliment décorées sont toutes équipées d'une salle de bains et un petit coin thé et café avec bouilloire vous permettra de savourer une boisson à toute heure. Les propriétaires sauront vous régaler avec un petit déjeuner confectionné avec des produits issus de l'agriculture biologique et de la région. Durant les beaux jours, toute la famille pourra profiter du jardin et du barbecue. Certains courageux pourront chausser leurs souliers de randonnée car plusieurs sentiers de marche pédestre partent d'Arry.

GÎTES ROBIN'SON

Domaine de Haussoville
Foulcrey
✆ 06 85 57 44 66
www.gites-robinson.fr

Cabanes 2 personnes de 150 € à 190 € la nuit. Cabanes 4 personnes de 190 € à 230 € la nuit.

La cabane des naufragés ? Elle n'est accessible qu'en barque. Celles de Robinson ou de Crusoé ? Leurs filets de sécurité permettent même aux plus petits de courir au bord de l'eau. La cabane au ponton ? Il convient de s'aventurer sur un ponton de 810 mètres pour accéder à cette petite île isolée. Les gîtes Robin'Son cumulent les bonnes raisons d'en faire un pied-à-terre insolite et idéal pour tout séjour familial en Moselle. Ils possèdent tous l'équipement essentiel à de bonnes nuits et les gourmands se laisseront séduire par le « panier Soupe » de la maison qui comprend une soupe, du fromage et un yaourt fermier. Bucolique, insolite et pratique. Bienvenue à Foulcrey.

CHALETS ET CABANES INSOLITES

Etang du Stock
Langatte
✆ 03 87 03 69 90
www.langatte-tourisme.com
tourisme.langatte@wanadoo.fr

Cabane insolite à partir de 180 € la nuit. Chalet standard à partir de 360 € la semaine. Chalet confort à partir de 390 € la semaine.

Les Gîtes Robin'son, Foulcrey.

On vous aura prévenu, n'oubliez pas vos affaires dans votre véhicule. Non pas car la base de loisirs de l'étang du Stock est mal fréquentée mais surtout parce que, une fois planqué dans votre hébergement, vous n'aurez pas envie d'en sortir.Pour cause, il convient de grimper dans les arbres ou de prendre une barque pour les rejoindre. À l'étang du Stock, votre famille a le choix de dormir perchée dans une cabane ou perdue au milieu de l'eau. Ces hébergements insolites donnent forcément un très beau parfum d'aventure à tout séjour mosellan. Il existe également des chalets plus « classiques » qui offrent tout le confort nécessaire.

GÎTE DE L'ÉTANG L'ABBÉ

Port Sainte-Marie, Maizières-lès-Vic
✆ 06 43 20 79 91
www.gite-etang-abbe-maiziereslesvic.fr
Label Accueil Vélo. Pour 6 personnes (140 m², 3 chambres). 360 € les deux nuitées, 980 € la semaine.
Au bord d'un étang, au cœur d'un grand domaine privatif et clôturé. Pas de doute, ce gîte situé au cœur du Saulnois apparaît comme l'écrin idéal à un séjour familial dépaysant dans le département mosellan. Ce grand logement de trois chambres, avec sa belle vue dégagée sur l'étang, peut accueillir jusqu'à six personnes et il possède tous les équipements nécessaires à une grosse semaine de quiétude. Le jardin est même équipé d'une table de tennis de table et de balançoires pour les enfants. De plus, le logement se trouve près du point de départ de nombreux sentiers de randonnée.

GÎTES DE MEISENTHAL

8a, rue de Soucht, Meisenthal
✆ 06 78 31 76 34
www.gites-meisenthal.fr
Maison Silex à partir de 59 € la nuit. Maison Sylvestre et Maison Starlette à partir de 88 € la nuit.
Des petites maisons très fonctionnelles au cœur du Parc naturel régional des Vosges du Nord. À Meisenthal, petit village réputé pour ses souffleurs de verre et sa magie de Noël, trois petits

Ranch des bisons, Petit-Rederching.

écrins attendent des familles plus ou moins nombreuses. Baptisées Silex, Sylvestre et Starlette, ces maisonnettes sont complètement équipées si bien que tout séjour dans l'Est mosellan peut se dérouler sans aucun stress hôtelier. Pour les enfants, chaque gîte dispose d'une grande terrasse et d'un jardin privatif. Ils peuvent accueillir jusqu'à quatre (pour le Silex) et six personnes (pour le Sylvestre et le Starlette).

LE RANCH DES BISONS

Judenhof
3, ferme du Grand Niedeck
Petit-Rederching
✆ 06 72 79 50 16
http://ranchdesbisons.com
contact@ranchdesbisons.com
A partir de 200 € le gîte (2 nuits pour 2 personnes). A partir de 300 € le lodge bien-être (2 nuits pour 2 personnes).
Un charmant petit chalet avec des colocataires peu communs. Au Ranch des Bisons de Petit-Réderching, il est possible de dormir paisiblement dans un gîte très bien équipé, le tout sur les terres des gros bovidés américains. Entre un safari et un tour à la boutique, il est complètement conseillé de s'offrir un petit séjour dans l'un de ces quatre chalets qui offrent une vue imprenable sur le ranch. Trois gîtes comportent deux chambres et le plus gros en possède trois. Pour les amoureux du bien-être, il existe également un nouveau lodge qui, avec son sauna et son bain à remous, permet des nuits plus romantiques que familiales.

DORMIR DANS LA PAILLE

Domaine Les Bachats
Rhodes
✆ 06 81 71 93 27
www.domainelesbachats.com
Label Accueil Vélo. Ouvert de Pâques à la Toussaint. 15 € pour un adulte, 12 € pour un enfant, 8 € le petit-déjeuner.
L'expérience proposée au Domaine des Bachats surpassent toutes les traditionnelles visites à la ferme. Oui, là aussi il est possible de caresser les animaux. Oui, là aussi le petit déjeuner met à l'honneur les produits premiers. Oui, là aussi les propriétaires mettent à disposition des gîtes bien équipés et bien soignés. Sauf que du côté de Rhodes, l'expérience de la campagne se prolonge jusqu'aux bras de Morphée. En famille ou entre amis, il est possible de dormir dans la paille. Forcément une nuit qui se vit plutôt qu'elle ne se lit. Ce moment peut se révéler très convivial, très doux et finalement très douillet.

GÎTE DE LA VERRERIE

91, rue de la Verrerie
Saint-Quirin
✆ 03 87 08 67 88
gite.auverreluisant.com
Pour 5 personnes (105 m², 3 chambres). Tarifs variables selon la saison. Connexion Internet. Wifi. Salon de jardin, lave-linge, sèche-linge, lave-vaisselle. Bain nordique (premier bain offert, 30 € le bain supplémentaire).
Ce loft avec trois chambres ne manque pas de charme ! Au-dessus d'un atelier de verrerie, ce gîte au style industriel est entièrement équipé. Outre l'intérieur charmant à souhait avec sa décoration atypique, ce logement dénote avec son jardin privatif et surtout son bain nordique qui permet, même l'hiver à partir du mois d'octobre, de profiter d'une eau chaude à l'extérieur ! Clairement une belle idée pour séjourner dans l'un des plus beaux villages de France, à côté de l'Alsace et à une heure des villes de Metz et Nancy.

LA GRANGE D'HÉLÈNE

15, rue de Volmunster, Holbach
Siersthal
✆ 06 30 63 28 88
www.lagrange-dhelene.com
contact@lagrange-dhelene.com

2 chambres. Suite à partir de 140 €. Petit déjeuner inclus. Pour 2 personnes avec deux petits déjeuner dans la bulle, la chambre de verre ou le dôme : 150 €. Wifi. Bain bouillonnant, sauna.

Autour et à l'intérieur d'une bâtisse datant de la fin du XVIIIe siècle, il existe plusieurs manières de vivre une nuit très particulière à la Grange d'Hélène. Dans une suite bien équipée mais surtout dans quelques logements insolites et très surprenants. Tentez cette bulle, ce dôme ou cette chambre de verre qui, à l'abri des regards, permettent de passer sa nuit à regarder les étoiles et à profiter de la nature. Les hôtes ont poussé le bouchon encore plus loin car, outre ces espaces pour dormir, ils ont équipé leur complexe d'une piscine extérieure, d'un spa et d'un sauna infrarouge. Autant dire que tout le monde n'aura qu'une seule envie : prolonger un peu plus ce séjour mosellan au cœur des Vosges du Nord.

PAR MONTS ET PAR VAUX

2, rue du Champé
Vaux
✆ 06 89 08 41 95
chambres-hotes-vaux.fr
profetamuriel@gmail.com

Ouvert toute l'année. 4 chambres. Chambre simple à partir de 110 € ; chambre double à partir de 120 €. Petit déjeuner inclus. Parking. Wifi gratuit.

Dans ce charmant village viticole de Vaux, la maison d'hôtes Par Monts et par Vaux offre un cadre exceptionnel. Les chambres sont coquettes, spacieuses, confortables et bien équipées. La décoration est moderne et design avec une touche vintage qui révèle le caractère passé du lieu. Un audacieux contraste. Muriel Profeta n'a rien laissé au hasard, chaque objet a été pensé et choisi pour agrémenter le lieu. Le salon possède une cheminée bio éthanol murale et, durant les beaux jours, l'accès à la terrasse et au jardin se fait par cette pièce. Le petit déjeuner sucré-salé complet donnera à toute la famille l'énergie idéale pour démarrer la journée. Pour les randonneurs, ce point de départ est parfait !

CHÂTEAU MESNY

8, place Mesny
Vic-sur-Seille
✆ 03 87 86 02 21
www.gites-de-france.com
marie-simone.bouttevin@orange.fr

4 chambres. Petit déjeuner inclus. Parking. De 120 € à 376 € la nuit. Tarif dégressif à partir de la troisième nuit. Table d'hôtes à partir de 35 €. Wifi. Tv satellite.

Que diriez-vous d'un prestigieux saut dans le temps pour un séjour grandiose dans un château ? Le tout dans la ville natale de l'illustre peintre Georges de la Tour. Incarnation de l'art de vivre à la française au XIXe, bordé par un agréable parc d'un hectare, le château Mesny propose aux visiteurs une rencontre avec un autre temps. Les chambres Rouge Garance, Opaline, Gatsby ou encore Clair-Obscur présentent une décoration raffinée en respectant les codes de l'époque. Elles sont spacieuses, bien équipées et très confortables. Et si la cuisine du terroir attise votre curiosité, des tables d'hôtes sont disponibles sur réservation. Nul doute que toute la famille appréciera bien facilement la vie de château.

Camping

■ CAMPING DU MUHLENBACH****

10, route du Muhlenbach
Sturzelbronn
✆ 03 87 06 20 15
www.camping-muhlenbach.com
info@camping-muhlenbach.com

Fermé du 1er avril au 30 septembre. Terrain de 10 ha. Sol : sablonneux / herbeux. Emplacement + véhicule + 2 personnes de 8,80 € à 11,70 €. Mobil-homes pour 4 à 6 personnes de 386 € à 713 € la semaine. A partir de 49 € la nuit en hébergement insolite en basse-saison et 59 € en haute-saison (tipi, cabane, roulotte, chalet les pieds dans l'eau). Animaux acceptés. Bain bouillonnant, sauna.

Au cœur de la forêt du pays de Bitche, à proximité de l'étang de Muhlenbach, ce camping promet des vacances 100 % nature. Dans une vallée éloignée de la circulation, ce camping multiplie les bonnes raisons d'y poser ses affaires. D'abord pour la foule d'activités familiales qui y sont proposées comme le volley, le basket, le handball ou la pétanque. Ensuite, pour la diversité des hébergements. On peut ainsi y poser sa tente ou préférer le côté insolite d'une roulotte, d'un chalet, d'un tipi voire même d'une cabane de randonneur éclairée à la lanterne. Un espace bien-être avec bain à bulles et sauna en plein air, fait partie intégrante de ce camping et il est même possible de se baigner ou de pêcher dans l'étang qui borde le complexe.

■ CAMPING CAPFUN MIRABELLE***

Route de Luttange, Volstroff
✆ 03 82 56 93 40
www.capfun.com
mirabelle@capfun.com

Réservation recommandée. A partir de 182 € le gite pour la semaine hors vacances, à partir de 497 € la semaine durant les vacances d'été. A partir de 158 € l'emplacement de camping pour la semaine hors vacances, à partir de 203 € la semaine durant les vacances d'été. Jeux pour enfants.

Un camping c'est chouette pour une famille. Mais un camping avec des piscines et des toboggans aquatiques, c'est merveilleux pour les marmots. À Volstroff, le camping Mirabelle offre un délicieux soupçon de Côté d'Azur dans le Nord-Est de l'Hexagone. Son gros point fort, outre ses gîtes fonctionnels et bien équipés, ce sont forcément ses grands terrains de jeux autour des différentes piscines. Les immenses toboggans autour de la piscine extérieure chauffée sauront clôturer idéalement vos journées familiales en Moselle. Même en cas de mauvais temps, il reste possible et agréable de faire quelques longueurs dans la piscine.

INDEX

A

B

C

D

M

N

O

P

R

S

T

U – V

W

EDITION

Directeurs de collection et auteurs :
Dominique AUZIAS et Jean-Paul LABOURDETTE

Auteurs : Rémi ALEZINE, Véronique DE FREITAS, Jean-Paul LABOURDETTE, Dominique AUZIAS et alter

Directeur Editorial : Stéphan SZEREMETA

Rédaction France : Elisabeth COL, Tony DE SOUSA, Mélanie COTTARD, Audrey VEDOVOTTO

Rédaction Monde : Caroline MICHELOT, Morgane VESLIN, Pierre-Yves SOUCHET, Jimmy POSTOLLEC, Natalia COLLIER, Laureen DUCHESNE, Anaïs MAOLE

FABRICATION

Responsable Studio : Sophie LECHERTIER assistée de Romain AUDREN

Maquette et Montage : Julie BORDES, Sandrine MECKING, Delphine PAGANO

Iconographie et Cartographie : Anne DIOT assistée de Julien DOUCET

WEB ET NUMERIQUE

Directeur Web : Louis GENEAU DE LAMARLIERE

Chef de projet et développeurs :
Nicolas de GUENIN, Adeline CAUX, Kiril PAVELEK

Intégrateur Web : Mickael LATTES

Webdesigner : Caroline LAFFAITEUR

Community Traffic Manager : Alice BARBIER, Mariana BURLAMAQUI et Vincent PHAM

DIRECTION COMMERCIALE

Directeur commercial : Guillaume VORBURGER assisté de Manon GUERIN

Responsable Régies locales :
Michel GRANSEIGNE

Responsables Développement régie inter :
Jean-Marc FARAGUET et Guillaume LABOUREUR assistés de Claire BEDON

Chefs de Publicité : Camille ESMIEU

Chefs de Publicité Régie nationale :
Caroline AUBRY, François BRIANCON-MARJOLLET, Perrine DE CARNE MARCEIN, Caroline PREAU

Gestion commerciale : Vimla MEETOO et Assa TRAORE

DIFFUSION ET PROMOTION

Directrice des Ventes : Bénédicte MOULET assistée d'Aissatou DIOP, Sidonie COLLET

Responsable des ventes : Jean-Pierre GHEZ assisté de Nelly BRION

Relations Presse-Partenariats :
Jean-Mary MARCHAL

ADMINISTRATION

Président : Jean-Paul LABOURDETTE

Directrice des Ressources Humaines :
Dina BOURDEAU assistée de Sandra MORAIS et Eva BAELEN

Directrice Administrative et Financière :
Valérie DECOTTIGNIES

Comptabilité : Jeannine DEMIRDJIAN, Adrien PRIGENT et Faiza ALILI

Recouvrement : Fabien BONNAN assisté de Sandra BRIJLALL et Vinoth SAGUERRE

Responsable informatique : Adam M'RAH

Standard : Assa TRAORE

Ce guide a été réalisé avec le soutien et le support de Moselle Attractivité et du Département de la Moselle.

■ CARNET DE VOYAGE MOSELLE AVEC LES ENFANTS ■
LES NOUVELLES EDITIONS DE L'UNIVERSITE
18, rue des Volontaires - 75015 Paris.
✆ 01 53 69 70 00 - Fax 01 42 73 15 24
Internet : www.petitfute.com
SAS au capital de 1 000 000 € - RC PARIS B 309 769 966
Couverture : © FranceAventures
Impression : IMPRIMERIE CHIRAT - 42540 Saint-Just-la-Pendue
Achevé d'imprimer : avril 2021
Dépôt légal : 28/03/2021
ISBN : 9782305040974

Pour nous contacter par email, indiquez le nom de famille en minuscule suivi de @petitfute.com
Pour le courrier des lecteurs : info@petitfute.com

IMPRIMÉ EN FRANCE

PEFC
10-31-1895
Certifié PEFC
Ce produit est issu de forêts gérées durablement et de sources contrôlées.
pefc-france.org